나나코의 유학 일기

-일본 유학부터 취업까지-

나나코

시시담시시청

나리타 공항에 도착했을 때는 이미 해가 저물었다.
비행기에서 내려 주변을 둘러보자 서울과 별로 다를 것 없는 풍경이 펼쳐져 있었다.

저 멀리 보이는 간판만이 이곳이 일본이라는 사실을 알려주었다. 공항에서 벗어나 바깥으로 나가자, 그리운 나무와 바람의 냄새가 났다.
15년 만에 돌아온 일본이었다.

작가의 말

1장 나는 나나코

1막. 일본어를 잘하는 이유 12

2막. 한국에서의 삶 16

3막. 새로운 가족, 새로운 친구 19

4막. 공짜 점심은 없다 21

5막. 인생역전 24

6막. 치킨게임 27

7막. 삼고초려 31

2장 일본 유학 준비 과정

1막. 정보수집 단계

  Part1. 일본대학에 대해 알아보기 36

  Part2. 일본유학시험(EJU)에 대해 알아보기 . . . 39

2막. EJU시험 준비 단계

  Part1. 지망학교와 유학원 고르기 42

  Part2. 문과수학 44

  Part3. 종합과목 & Part4. 이과 과목에 대하여 . . . 46

  Part5. 일본어와 영어는 왜 안 다루나요? . . 47

3막. 본고사 준비 단계

  Part1. 면접 48

  Part2. 소논문 60

  Part3. 학력시험에 대한 조언 64

3장 학업의 전문성 발달

1막. 전공을 선택한 이유 68

2막. 실제로 배우고 느낀 점 71

4장 문화적 충격과 적응

1막. 친구를 사귀는 데 필요한 능력 76

2막. 처음부터 너무 적극적으로 다가가지 말 것 78

3막. '깊은' 이야기는 친해지고 나서 할 것 79

5장 위기, 도전 그리고 성장

1막. 대학교 1학년 : 행복한 시기 82

2막. 대학교 2학년 : 경제적 위기 84

3막. 대학교 3학년 : 정신적 위기 89

4막. 대학교 4학년 : 진로의 위기 92

5막. 대학원 1학년 : 육체적 위기 97

6막. 대학원 2학년 : 다시 경제적 위기 99

6장 일본의 취업 활동

1막. 취업활동 개요. 104

2막. 구체적으로 무엇을 해야 하는가?

    Part1. 3학년(대학원 1학년) 11월 이전 105

    Part2. 3학년(대학원 1학년) 12~2월. 113

    Part3. 3학년(대학원 1학년) 3월 115

    Part4. 4학년(대학원 2학년) 4월 115

    Part5. 4학년(대학원 2학년) 5월 이후 116

    Part6. 4학년(대학원 2학년) 3월 & Part7. 신입사원 4월 . 117

맺으며

작가의 말 : 에세이를 써야겠다고 마음먹은 이유

일본 유학을 준비하고자 이 책을 펼친 사람들에게 미리 얘기해두고 싶은 것이 있다. 아마 이 책은 당신의 유학을 준비하는 데 있어서 결정적인 도움이 되진 못할 것이다. 이 책은 어떻게 해야 일본어를 잘하게 되는지, 어떻게 해야 좋은 일본대학에 입학할 수 있는지를 안내해주는 책이 아니다. 이 책은 그저 '나'라는 한 사람의 삶의 일부를 다룬 책일 뿐이다. 그리고 그 일부분이 '일본 유학'에 닿아 있을 뿐이다. 사람은 각자 자신만의 배경과 서사를 가지고 삶을 살아가지만, 나는 그중에서도 제법 특이한 경우라고 생각한다. 특이하다는 것은 재현성이 떨어진다는 이야기가 된다. 그래서 이 책은 결정적인 일본 유학에 대한 방법론을 가르쳐주는 책이 될 수가 없다.

그럼에도 불구하고 내 이야기를 많은 사람과 공유하고 싶었던 것은, 내 경험을 통해 누군가 자신의 삶에 힌트를 얻었으면 좋겠다는 생각이 들었기 때문이다. 내 경험을 똑같이 따라 할 수는 없지만, 내 삶 속에 녹아있는 행동이나 생각들에서 힌트를 얻어 자신의 삶에 적용할 수 있다면, 분명 좋은 결과가 있을 것이라 생각한다.

무엇보다, 일본에 막연한 관심은 있지만, 외국에서 사는 것이 두렵다고 생각하는 사람들에게 '일본에 가서 산다는 것은 어떤 삶인가?'라는 것을 직접 보여주고 싶었다. 모국을 떠나 타국에서 거주하는 사람의 수는 생각보다 적고, 그중에서 자신의 삶을 글로써 타인에게 공유하는 사람은 더욱 적다.

나는 내 경험이 일본에서 살고 싶다고 생각하는 사람들에게 하나의 판단재료가 되었으면 한다. 그래서 펜을 들어 나의 일본 유학과 관련된 경험을 쓰기 시작했고, 그 결과 '나나코의 유학 일기'가 탄생하게 되었다.

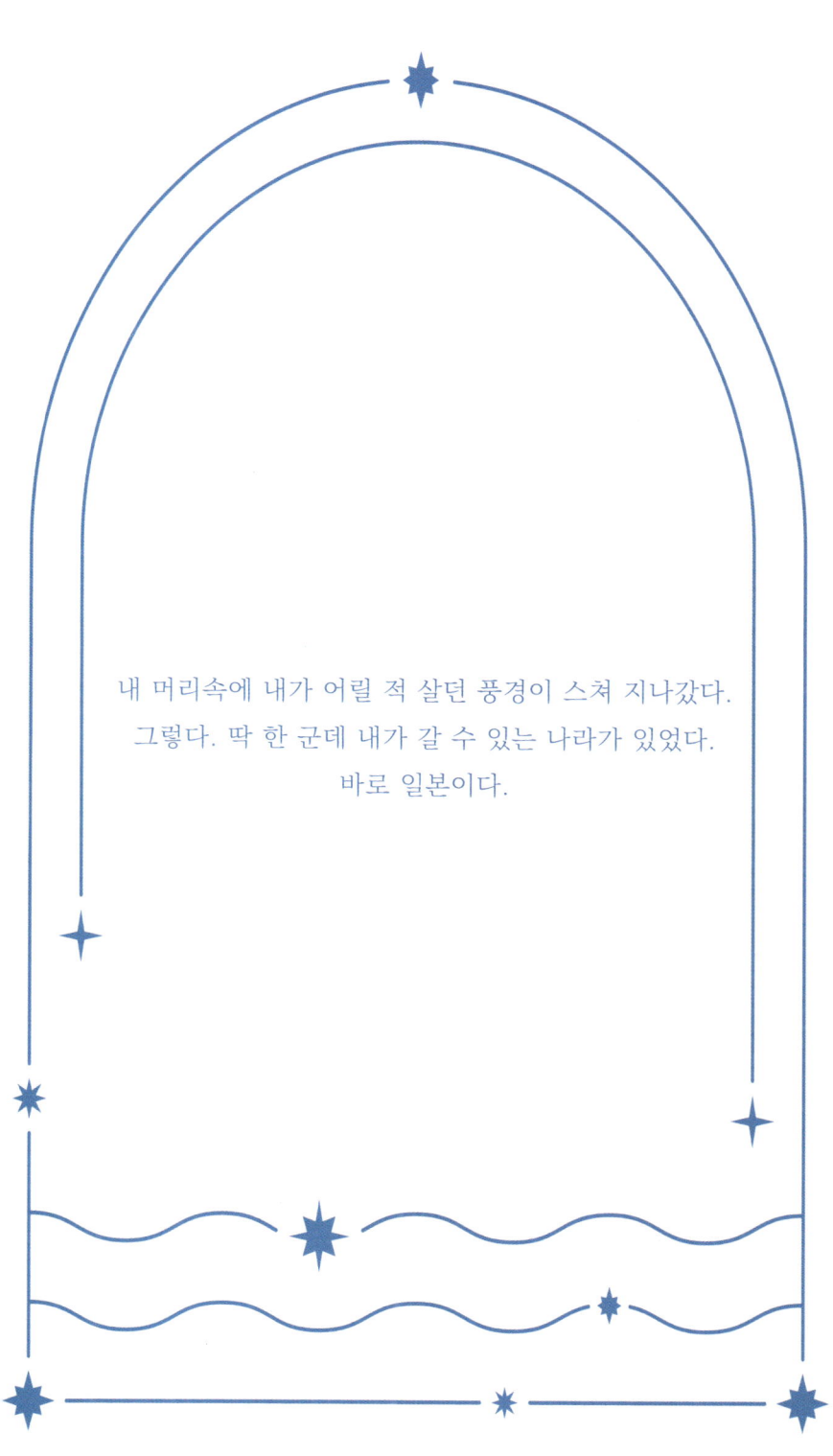

내 머리속에 내가 어릴 적 살던 풍경이 스쳐 지나갔다.
그렇다. 딱 한 군데 내가 갈 수 있는 나라가 있었다.
바로 일본이다.

1장

나는 나나코

나는 어릴 때 일본에 살면서 일본어를 익혔고, 대학에서는 경영학, 대학원에서는 회계학을 전공했다. 현재 대학원을 마친 후, 일본의 IT기업에서 근무하고 있다.

내가 일본으로 유학을 온 이유는 가족에게서 벗어나고, 안정적인 수입을 확보하여 온전한 내 삶을 살고 싶었기 때문이다. 하지만 단 몇 줄로는 나를 이해하기에 다소 부족한 느낌이 있다.

일본 유학에 대한 이야기를 시작하기에 앞서, 나의 이야기에 더욱 몰입할 수 있도록 나의 인생을 먼저 공유하고자 한다.

1막 일본어를 잘 하는 이유

내가 갓 유치원을 졸업하고 초등학교에 입학할 시기였을 때, 일본에서 근무하는 아버지를 따라 어머니와 함께 우리는 일본에서 살게 되었다.

일본의 자그마한 공립 학교에 입학하게 된 나는 전교생 중 유일한 한국인이었고, 학교를 포함한 주변 환경 속에서 한국어가 통하는 사람은 아무도 없었다.

가족 중에서 유일하게 일본어를 할 줄 아는 아버지는 매일 첫차로 출근하고 막차로 퇴근했기 때문에 어머니와 나에게는 살아남기 위해 일본어를 배워야 하는 과제가 생겼다. 한 번은 설탕을 사기 위해서 어머니와 함께 마트에 간 적이 있는데 무엇이 설탕인지 알 수가 없었다. 그래서 하얀 가루가 잔뜩 진열된 곳으로 가서 아무거나 집어 계산했다. 그리고 집에 가서 뜯어보고 맛을 본 다음에 내용물을 확인했다. 단맛이 나면 설탕, 짠맛이 나면 소금이라고 구분하였고, 내용물을 확인한 후에는 상품에 적힌 글자와 그림을 외워서 다음에 똑같이 생긴 것을 사 오는 식으로 장을 봤다.

때때로 물건의 내용물을 확인할 수 없는 상품을 살 때는 이것이 우리에게 필요한 물건이기를 기도하며 계산대에 줄을 섰다. 당시의 어머니와 나에게는 장보기가 물건을 사는 것이 아니라 뽑기를 하는 거나 마찬가지였다.

이러한 상황에 놓이게 되니 어머니도 나도 일본에서 잘 지낼 수 있을 것이라는 생각이 도무지 들지 않았다. 언어가 통하지 않으니 주부였던 어머니는 장을 볼 때 외에는 밖에 나가지 않는다는 선택을 했지만 나는 그럴 수 없었다. 초등학교는 의무교육이기 때문에 나는 일본어로 '예'와 '아니오'만 할 줄 아는 상태로 학교에 가야 했다.

학교에 가서 무엇을 해야 할지 모르는 나에게 아버지가 조언을 해주었다. 바로 옆자리에 앉은 아이의 일거수일투족, 말 한마디 모든 것을 따라 하라는 것이었다. 당시의 나는 학교에 가서 가만히 앉아있는 것보단 훨씬 재미있을 것 같아 아버지의 조언을 열심히 실천했고, 덕분에 나를 재미있는 아이라고 생각한 반 친구들이 나에게 다가와 말을 걸어주었다. 덕분에 나는 수많은 말 상대를 확보할 수 있었다.

단 한 명, 내 옆자리에 앉은 친구를 제외하고 말이다. 만약 내 옆에 나 같은 사람이 앉아있다면, 나는 바로 선생님에게 달려가 자리를 바꿔 달라고 할 것이다. 옆자리에 앉은 아이의 심정을 생각하면 지금도 조금 미안한 마음이 든다.

친구가 많아지자, 내가 일본어를 배우는 목적은 생존에서 친구들과 더욱 즐겁게 놀기 위한 것으로 바뀌었다. 즐거움이 동반되자 나의 일본어 실력은 급속도로 좋아졌고, 3개월이 지나자 나는 다른 원어민 아이들과 똑같은 수준의 일본어를 구사할 수 있게 되었다.
처음에 일본어를 하지 못해서 힘들었던 것이 환상이 아니었을까 착각할 정도로, 언어를 익힌 후의 생활은 즐거움의 연속이었다. 학교에 가서 맛있는 급식을 먹고, 하교하면 친구들과 신나게 놀다가, 18시까지 집에 오면 TV에서 방영하는 애니메이션을 시청하고 잠이 들었다.

하지만 어른이 되어 돌이켜 생각해 보면, 당시 아버지의 회사 사정으로 그동안 집안의 큰 보탬이 되었던 야근수당을 받을 수 없게 되면서 우리 집의 경제적 상황은 악화되었고, 동시에 어머니는 심각한 우울증을 앓고 있어서 집안은 늘 엉망이었다. 매 끼니마다 무엇을 먹어야 할지, 다음 달에 집세는 낼 수 있을지 하는 현실적인 걱정거리가 끊이지 않았다. 그렇지만 당시의 어린 나에게는 친구와 TV, 게임이 세상의 전부였고 일본에는 내가 원하는 모든 것이 있었다. 마냥 즐거운 나날이었다.

하지만 즐거운 날에는 반드시 끝이 있다. 그리고 그 끝은 생각보다 빨리 찾아왔다. 초등학교 3학년의 어느 날, 어머니는 갑자기 내게 "엄마가 좋아, 아빠가 좋아?"라는 질문을 했다. 여느 부모라면 한 번쯤 물어볼 만한 질문이었고, 나는 아무 생각 없이 늘 함께 있는 어머니가 더 좋다고 대답했다. 아버지는 거의 얼굴을 볼 수 없었기 때문에 친밀감을 전혀 형성하지 못했다. 어린 나에게 아버지는 그저 밖에 나가서 돈을 버는 낯선 사람이었다. 나의 대답을 듣자 어머니는 당연하다는 듯한 표정을 지었고, 아버지는 아쉽지만 이해한다는 표정을 지었다.

아무것도 아닌 일상의 하루처럼 보였다. 그러나 그것은 나의 큰 착각이었다. 질문에 대답한 지 한 달도 되지 않은 어느 날, 친구와 놀고 집으로 돌아온 나에게 어머니는, "이제 아빠랑 엄마는 따로 살거야. 엄마는 다시 한국으로 갈거야. 그러니까 나나코도 엄마랑 한국으로 가서 사는거야.' 라고 말했다. 담담한 어머니의 목소리와는 반대로 내겐 청천벽력 같은 소식이었다. 앞선 질문은 단순히 부모의 호기심을 충족하기 위한 것이 아니라, 어느 쪽이 친권을 가질 것인가를 정하기 위한 것이었다. 내가 모르는 곳에서 중요한 결정이 이루어지고, 나는 아무것도 모르는 채 통보만 받아야 하는 사실이 어린 마음에 무척 충격이었다.

그렇게 나는 나만의 작은 낙원에서 추방당해버렸다. 한국으로 돌아가는 비행기 안에서, 다음에는 혼자라도 돼지저금통에 돈을 가득 모아서 비행기표를 끊어 일본으로 다시 돌아오겠다고 굳게 결심했다. 그리고 그 결심은 15년 뒤 일본 대학에 진학하면서 이루어지게 되었다.

2막 한국에서의 삶

한국으로 돌아온 나는 어머니와 함께 외갓집에서 살게 되었다. 한국에서의 삶은 일본에서 지내는 것보다 더욱 나를 힘들게 했다.

우선 언어문제를 다시 겪어야 하다는 것이 나에겐 큰 스트레스였다. 한국인이 한국에 돌아왔는데 왜 언어가 문제가 되는지 이해를 못하는 사람이 대부분이겠지만, 너무 어릴 때 한국을 떠났기 때문에 나이에 맞는 한국어실력을 갖추지 못했던 것이다. 귀국 후, 학교를 다닌지 얼마 되지 않았을 때 중간고사를 보게 되었는데, 배운 내용이 없어서 문제를 못 푸는 것이 아니라 문제에 나오는 '까닭'이라는 단어가 도대체 무슨 뜻인지 이해하지 못해서 풀 수가 없었다.

말이 통하지 않으니 친구를 사귄다는 것은 꿈도 꿀 수 없었다. 한국에서 지낸 학교는 일본과 다르게, 말이 통하지 않는 녀석은 재미있는 녀석이 아니라 덜 떨어진 녀석으로 생각했던 것 같기도 하다.

어느 날은 큰 용기를 내어 나와 그나마 가장 친하게 지냈던 여자아이에게 우리 집에서 함께 놀자고 말해보았지만, 그 애는 오늘 학원이 있다며 거절했다. 그때 내 제안을 무척 불쾌하게 여기던 그 아이의 얼굴이 아직도 잊혀지지 않는다. 나와 같이 노는 게 정말 싫었던 것도 있었겠지만, 같이 놀고 싶어도 아이들 모두 학원 때문에 바쁜 한국의 학교생활이 나에겐 무척 답답하게 느껴졌다.

그 시기 어머니는 돈을 벌기 위해 늘 집에 있는 시간이 적었고, 외조부모는 두 분다 과묵한 분이었다. 나는 철저히 혼자였다.

그러나 그런 시간도 오래가지 않았다. 어느 날 갑자기 어머니는 나에게 중국에 가지 않겠느냐고 했다. 나는 지금 상황에서 벗어날 수만 있으면 뭐든 좋았고, 무엇보다 내가 승낙하는 모습을 보고 기뻐하는 어머니의 모습이 좋았다. 당시의 나는 어머니를 위해서라면 무엇이든 할 수 있었다. 어머니를 기쁘게 하는 노력을 계속하면, 언젠가는 어머니의 기분이 좋아지고, 나와 함께 있어줄 것이라는 희망이 늘 내 안에 있었다.

하지만 주변 사람들은 어떻게 어린애 혼자 먼 타국에 보내서 지내게 할 수 있느냐고 했다. 어른이 되어 생각해보면 지극히 정상적인 우려다. 당시의 중국은 북경올림픽을 개최하기 전이었고, 폭발적인 경제성장을 이루기 전이었기 때문에 개발이 다 이뤄지지 않은 이미지였다. 만약 초등학생이 친인척도 없고, 선진국도 아닌 타국의 어떤 지방에 혼자 산다고 하면 나라도 걱정할 것이다. 하지만 어머니에게는 이런 문제가 별로 중요한 일이 아니었던 것 같다.

내가 중국에 가기로 결정된 직후의 설날, 외갓집 모두 큰 집으로 가는 가운데 나만 집에 남겨두고 가게 되었다. 외할머니는 어린 아이를 혼자 집에 놔두고 갈 수 없다며 나를 며칠만 친할머니에게 맡기기로 했고, 친할머니는 흔쾌히 허락해주었다.

집에 도착하자 마자, 친할머니는 대뜸 나에게 괜찮으냐고 물어보셨다. 나는 무엇이 문제인지 전혀 알 수가 없었다. 아무 문제도 없었기 때문이다. 중국에 갈 준비는 착실하게 진행되고 있었고, 어머니는 내가 중국에 가는 것을 좋아하고 있으며, 보상으로 노트북도 사주겠다고 했는데 말이다. 그러자 친할머니는 어머니가 아버지와 이혼하면서 양육비를 매달 받고 있었는데, 그 중 일부를 나의 유학비용으로 쓰기로 한 사실을 알려주었다. 즉 아버지가 매달 200만원을 어머니에게 보내면, 어머니는 그 중 50~100만원 정도의 비용으로 나의 양육을 외부에 위탁할 수 있고, 나머지 돈은 불로소득으로 챙길 수 있는 것이다. 나는 그제서야 어머니가 중국으로 가겠다는 나의 선택을 기뻐한 이유를 알게 되었다. 어머니에게 나는 그저 황금알을 낳는 거위일 뿐이었다.

친할머니의 얘기를 듣자마자 내 안의 마지막 희망마저 사라지고 말았다. 친구도 없이 집 안에서 마룻바닥의 쪽수를 세거나, 학교에서 나를 불편하게 여기는 분위기를 견디며 시간을 떼우는 것 외에는 할 수 있는 일이 없는 나날을 보내면서도 어머니만 있다면 견딜 수 있다고 생각했는데, 처음부터 아무런 의미도 없는 일이었던 것이다. 그날 나는 마치 사랑하는 부모를 여읜 장례식장의 상주처럼 통곡했다. 그렇게 내 안의 어머니는 이 날을 기점으로 죽어버렸다.

더 이상 어머니를 마주할 자신이 없어진 나는 친할머니에게 제발 어머니가 있는 곳에 나를 다시 보내지 말아달라고 간곡히 부탁했다. 나를 불쌍히 여긴 친할머니는 아버지에게 친권을 다시 가져올 것을 권유했으나 아버지는 거절했다. 하루 종일 일을 하기도 벅찬데 어린애까지 돌보는 것은 무리가 있다는 이유였다. 어른이 되어 생각해보면 이때 아버지의 입장도 지극히 이해가 된다. 하지만 어린 나는 이때 깨닫고 말았다. 이 세상에 나를 필요로 하는 사람은 아무도 없다는 것을, 그게 설령 나를 낳아준 부모라 할지라도 자신의 필요와 상황에 따라 버릴 수 있다는 사실을 말이다.

졸지에 갈 곳이 없는 신세가 되어버린 나를 가엾게 여긴 친할머니가 직접 데려와 키우겠다고 하셨다. 결국 부모님은 가정법원에서 다시 재판을 하고, 판사는 나의 완고한 의지를 감안해주었는지, 친권을 아버지에게 넘기는 방향으로 판결을 내려주었다. 하지만 일본에서 지내야 하는 아버지는 나와 함께 지낼 수 없기 때문에, 결국 나는 친할머니와 지내게 되었다. 인생의 새로운 막이 열리는 순간이었다.

3막 새로운 가족, 새로운 친구

친할머니(편의상 이제부터 '할머니'라고 하겠다.)의 집에서 지내게 되자, 할머니는 이제부터 내가 할머니와 함께 지낸다는 사실을 주변 친척들에게 알리셨다. 주변 친척은 주로 할머니의 언니들과 그 가족들이었다.

그 중에 나와 나이가 가까운 친척오빠가 한 명 있었는데, 그 오빠는 어머니가 사업을 하고 계셨기 때문에 집안이 제법 유복했다. 오빠는 여러 가지 물건들을 소유하고 있었는데, 그 중에서 나의 눈길을 끈 것은 바로 '컴퓨터'였다. 오빠는 컴퓨터로 많은 일을 하고 있었다. 모르는 것을 찾아보기도 하고, 새로운 소식을 접하기도 했으며, 무엇보다 게임을 하고 있었다.

오빠가 컴퓨터 게임을 하는 모습은 나에게 엄청난 충격을 주었다. 나와 같은 또래의 어린애가 컴퓨터를 소유하고 그것을 마음대로 사용하고 있다는 사실이 퍽 충격이었다. 내 기준에서 컴퓨터는 고가의 물품이었고, 나도 그것을 얻기 위해 중국유학을 받아들일 정도였다. 나는 그렇게 인생을 걸어야만 얻을 수 있는 것이, 타인에게는 당연하게 주어질 수도 있다는 사실을 이 때 정면으로 마주하게 되었다. 그러나 그런 사실보다 오빠가 컴퓨터로 자유롭게 게임을 할 수 있다면, 나도 할 수 있지 않을까 라는 생각이 머리를 가로질렀다.

나는 집에 가자마자 할머니에게 컴퓨터를 사달라고 떼를 썼다. 할머니는 손녀딸의 요구를 들어주었고, 내 손을 잡고 가전제품 판매점에 함께 가서 컴퓨터를 사주셨다.

나는 컴퓨터가 생기자마자 오빠가 하던 온라인 게임을 설치하고 캐릭터를 만들었다. 넓은 게임 속 세상이 내 눈앞에 펼쳐졌고, 나는 캐릭터를 강하게 키워야겠다든지, 세상을 구하겠다는 생각 같은 것도 없이, 그저 게임 속 세상을 누비고 다녔다. 아무런 목적 없이 옆마을로 달려가보기도 하고, 자잘한 심부름을 수행하기도 했다. 그러다보니 나와 같은 공간에 있는 사람들과 말을 섞게 되었고, 그들은 나의 친구가 되었다. 마침내 한국에서 처음 생긴 친구들이었다. 게임 속 세상에 빠진 나는 틈만 나면 게임을 했다. 이제 게임 속 세상이 나에게는 진짜 세상이었고, 현실은 그저 게임을 가동시키기 위한 공간이었다. 어떻게 보면 자신의 환경에 적응하지 못한 어린애가 게임에 중독된 것으로만 보일 것이다.

그러나 여기에도 긍정적인 영향이 있었다. 사람들과 하루 종일 수다를 떠느라 언어실력이 엄청나게 향상된 것이다. 초등학교 4학년 때 5살짜리 교재로 공부하던 나는, 1년만에 초등학교 5학년의 국어교과서를 읽을 수 있게 되었다. 그렇게 차츰 한국의 생활에 적응해갔다.

4막 공짜 점심은 없다

한국 생활에 적응하면서 차츰 나는 초등학교에서 중학교, 중학교에서 고등학교로 진학을 하게 되었다. 하지만 그 과정이 순탄하지는 않았다.

나를 가장 힘들게 만들던 것은 부모님이 내 곁에 없다는 사실이었다. 비단 정서적인 이유 때문만은 아니었다. 나는 법적으로 부모님(정확하게는 아버지)의 보호를 받고 있었기 때문에 법적인 절차를 밟기 위해서는 부모가 대리인이 될 필요가 있었다. 하지만 아버지는 일본에서 계속 일을 하고 있었고, 나를 위해서 한국에 올 수 있는 여유는 없었다. 그럴 때마다 할머니는 아버지가 매정한 인간이라며 매도했다. 하나 밖에 없는 자식이 학비나 급식비 지원을 받기 위해 학교에 서류를 제출해야하는데 이를 전혀 도와주지 않고, 양육비도 보내지 않는 무책임한 인간이라고 말이다. 그럴 때마다 나는 화가 나기보다는 답답함을 느꼈다.

할머니는 삶이 힘들 때마다 종종 어릴 때로 다시 돌아가고 싶다고 얘기했지만, 나는 반대로 어서 어른이 되고 싶었다. 어른이 되면 다른 사람의 힘에 의지하지 않고 살아갈 수 있을 것이라 생각했기 때문이다. 그리고 무엇보다 과거로 돌아가면 지난 날의 고통을 다시 반복해야 하는데, 이를 상상을 하니 도저히 견딜 자신이 없었다.

하지만 무엇보다 괴로운 것은 할머니의 존재였다. 어머니에게서 도망쳐 나왔을 때, 할머니는 마치 구세주처럼 보였다. 부모조차 나를 버렸을 때 나를 받아준 유일한 사람이었기 때문이다. 하지만 얼마 안 가서 할머니는 나에게 하나 둘씩 무언가를 요구하기 시작했다.

처음에는 할머니의 생신이 되었을 때 생신카드를 적어서 달라고 하셨다. 부모님에게도 생신카드를 써본 적 없었던 나는 '할머니는 이런 걸 좋아하시는구나.'라고 생각했다. 그리고 정성껏 마음을 담아 생신카드를 적어 할머니에게 드렸고, 당연히 할머니가 좋아하실 것이라 생각했다. 하지만 할머니는 내 카드를 보시곤 그저 심드렁한 표정을 지어보였다. 그리고 나를 향해 할머니께서 말씀하시길, '카드가 너무 싸구려 같고, 무엇보다 내용이 마음에 들지 않는다.'라고 하셨다. 이어서 카드의 내용도 알려주셨는데 나중에 내가 돈을 많이 벌어서 할머니를 위해 무엇을 해줄 것인지 구체적으로 적으라는 것이었다.

이날 나는 할머니가 말씀하시는 대로 카드를 고쳐적으며 내가 내놓을 수 있는 모든 것을 담보로 내놓았다. 당장 할머니 집에서 얹혀 살기 위해서 내가 희생할 수 있는 모든 것을 말이다. 세상에 공짜 점심은 없고, 나를 위해서 '당연하게' 무언가를 해주는 사람은 없다. 나는 구세주의 손을 잡은 것이 아니라, 악마와 계약한 것이었다.

할머니의 요구사항은 점점 많아졌다. 예를 들어 '자신이 시키지 않아도 식사 후 바로 설거지를 할 것, 그리고 매일 청소기를 돌리고, 일주일에 한 번은 반드시 물걸레질을 할 것, 자신에게 말대꾸하지 않을 것…' 하나 둘 씩 늘어나는 요구사항을 전부 충족하는 것은 쉽지 않았고, 할머니는 아흔 아홉 가지를 잘 해내도 한 가지 잘못한 점을 가지고 화를 내는 사람이었기 때문에 나는 점점 할머니의 기분을 맞추는 것이 힘들어지기 시작했다.

한 날은 자신을 위해서 케이크를 사오라고 시킨 적이 있다. 하지만 그때 나는 할머니에게 용돈을 따로 받는 것이 없었고, 어린 나이에 노동을 할 수도 없었기 때문에 수중에는 돈이 없었다. 그래서 언젠가 책을 사고 남은 잔돈 몇 천원으로 과자와 카스텔라를 사서 최대한 케이크처럼 만들어 할머니께 내어드렸다. 이것이 내가 당시에 할 수 있는 최선이었지만, 할머니는 내가 만든 케이크를 보자마자 바로 쓰레기통에 넣어버렸다. 이때부터 나는 할머니의 기분을 맞추는 걸 포기하기 시작했다.

내가 점점 할머니의 통제를 벗어나려 하자, 할머니는 주변에 여론전을 펼치기 시작했다. 만나는 사람마다 자신은 손녀딸을 불쌍하게 여겨서 데려왔는데 손녀딸은 자신에게 대단히 비협조적이라는 하소연을 하며 눈물을 보이면, 대다수의 사람은 나를 사춘기라서 반항적인 태도를 취하는 철없는 어린애로 대했다. 하지만 그들은 내가 할머니의 기분을 맞추기 위해 얼마나 많은 노력과 인내를 했는지 알지 못한다. 그들은 그저 자신의 상상에 나를 끼워맞추고 자신의 도덕적 올바름을 뽐내고 싶을 뿐이었다. 아무도 내 얘기를 들어주지 않고, 이해해주지도 않았다. 주변의 모든 사람들에게 환멸감이 느껴졌다.

이 여론전은 내가 할머니 곁을 떠나 일본으로 갈 때까지 이어졌다. 내가 중고등학교에 다닐 때는 할머니가 학교까지 찾아와 교무실에서 담임선생님에게 내가 집에서 얼마나 형편없는 손녀인지 실컷 털어놓으며 스트레스를 해소하는 일이 종종 있었다. 그러자 몇몇 정의감이 투철한 선생님은 나를 별도로 호출하여 설교를 하고는 했는데, 나는 그걸 들을 때마다 '이 사람이 내 입장이 되어서 딱 3일만 할머니랑 같이 지내본다면 나보다 더 잘할 수 있을까?'라는 생각을 하고는 했다. 그리고 담임 선생님이 할머니와 함께 지내다가 도저히 못 견디고 맨발로 뛰쳐나가는 장면까지 상상할 무렵이면 설교가 끝나있었다.

나에게 무관심한 아버지, 나를 꾸짖는 주변 사람들, 그리고 그것을 주도하는 할머니까지. 주변 어른들은 나를 점점 절벽으로 내몰았고, 나는 매일 눈을 뜨고 잠들 때까지 할머니를 죽이는 것과 내가 죽는 것 중에 어느 것이 더 편한지 고민하는 것이 일상이 되었다. 나는 수 백 번, 수 천 번을 내 방 창문에서 뛰어내리고, 바닥에 내 피가 흥건해지는 상상을 하고는 했다. 그렇게라도 하면 나는 마음 속에 응어리진 것이 조금은 풀어지는 느낌이었다. 하지만 상상을 실천하기에는 삶에 미련이 너무 많았다. 아직 연재 중인 만화나 게임 속 친구들이 마음에 걸려서, 창문턱에 발을 걸치고 창밖을 바라보다가도 창문 밑의 울타리가 뾰족해서 저기 위로 떨어지면 아파보인다는 핑계로 다시 내려오는 일이 몇 번이나 반복되었다. 그럴 때마다 내가 너무 겁쟁이 같아 한심했지만, 무서운 것은 어쩔 수가 없었다.

5막 인생역전

할머니와의 여론전에서 처절하게 패배한 나는 0과 1로 만들어진 세상에 점점 빠져들었다. 고등학생 때는 매일 12시간 정도 게임을 하거나 애니메이션을 봤다. 내가 컴퓨터 속에 빠져들수록 할머니는 더욱 거센 여론전을 펼쳐나갔다. 그러던 어느 날, 할머니가 내 주위에 만든 여론이 한 번에 뒤집어지는 일이 일어났다. 내가 고등학교를 졸업하자마자 취업에 성공해서 공무원이 된 것이었다. 정말 운좋게 별정

직공무원으로 채용되었는데, 별정직이더라도 어쨌든 공무원은 공무원이었기에 주변에선 다들 놀랐다.

친척 중 한 분은 나를 만나자 마자 '나는 네가 잘 될 줄 알았다.' 라며 덕담을 시작했다. 물론 마지막에는 번듯한 직장을 얻었으니 앞으로 더욱 할머니께 잘 하라는 말을 덧붙이며 말이다. 마치 트루먼 쇼에서 다들 트루먼에게 '이 세상은 진짜다.' 라고 속이던 것처럼, 내 주변 모든 사람들도 할머니를 위해 날 희생하는 것이 옳은 일이라고 계속 생각을 주입했다.

참고로 덕담을 건넨 친척분은 불과 몇 달 전만 해도 나에게 '너는 어디에도 쓸모가 없으니 얼굴 뜯어 고쳐서 남자나 잘 만나는 게 인생 살아갈 방법이다.'라는 말씀을 하신 분이었다. 언제 그랬냐는 듯한 태도를 눈 앞에서 보니 너무 황당해서 말이 나오지 않았다. '사람은 아무리 말도 안 되는 짓을 하더라도 자신감과 당당함만 있으면 되는 게 아닐까?' 라는 생각이 들 정도였다. 그리고 동시에 타인의 평가는 믿을만한 게 못된다는 생각을 했다. 손바닥을 뒤집는 뻔뻔한 모습을 보인 건 이 사람 한 명만 있는 것은 아니었으니까.

그리고 당연하게도 이 덕담도 공짜가 아니었다. 며칠 뒤에 곧 친척오빠의 생일이 다가오는데, 오빠는 대학생이고 나는 직장인이니 생일선물로 현금을 내놓으라고 하는 것이었다. 당시 내 월급은 세후 120만원이었는데, 할머니가 나에게 지금까지 먹여주고 재워줬으니 각종 공과금, 적금, 보험료 등을 나에게 부담하라고 했기 때문에 내 한 달 용돈은 5만원 정도였다. 그런데 이 사람은 나에게 그 남은 5만원을 내놓으라고 하고 있었다.

나는 할머니에게 진짜로 돈을 드릴 것인지 물어보았다. 그러자 할머니는 당연하다는 듯이 빨리 주라고 말했다. 안 주면 자신의 체면이 구겨진다는 것이었다. 나는 내 전재산인 5만원을 봉투에 넣고 오빠의 생일을 축하한다는 말과 함께 친척분에게 드렸다. 그러자 그 분은 봉투를 받자마자 금액을 확인하더니 불쾌하단 표정을 지었다. 금액이 너무 적다는 것이었다. 나는 죄송하다고 말하는 것 외에는 아무것도 할 수가 없었다. 그러자 그 분은 다음에 더 많이 주면 되니 문제없다고 괜찮다고 하셨다.

학생일 때는 빨리 어른이 되고 싶었다. 어른이 되어 돈을 벌면 고통에서 벗어날 수 있을 것이라 생각했다. 그러나 현실은 정반대였다. 내가 돈을 번다는 것을 알게 된 주변사람들이 하이에나처럼 달려들어 내가 가진 것을 뺏으려 하거나, 나를 평가하며 자신의 우월성을 드러내려 하였다. 그 중의 정점은 역시 할머니였는데, 할머니는 정말 내가 중고등학생 때 정신적으로 시달린 것이 게임의 튜토리얼처럼 느껴질 정도의 변화였다. 정신적인 괴롭힘은 두 배가 되었으며, 경제적인 착취까지 이루어졌기 때문이다.

오히려 직장에 있는 것이 더 편안했다. 직장 사람들은 이유 없이 나에게 화를 내지 않고, 내 돈을 뺏어가지도 않는다. 오히려 나에게 돈이나 밥을 준다. 나에게 돈을 벌어 올 것과 노동력을 제공할 것을 동시에 요구하지 않으며, 사회생활이 그렇듯 다소 불합리함은 있으나 내 인생을 송두리째 희생시켜 자신의 이득을 챙기려 할 정도는 아니었다.

중고등학생 때는 실컷 게임을 하며 스트레스를 해소했지만, 직장에 들어가니 그것도 쉽지 않았다. 직장에 다니느라 시간이 없는 것도 있지만, 퇴근하거나 주말이 되면 할머니가 묵혀놨던 온갖 집안일을 나에게 시키거나, 자신이 가고 싶은 곳에 나를 늘 하녀처럼 대동하고 싶어했다. 나를 데려가면 짐도 들어주고, 물건을 살 때 돈도 내주고, 피곤하면 앉을 곳을 찾아주는 등, 자신이 원하는 것은 다 해주기 때문이다. 물론 나의 이러한 일련의 행동들은, 그동안 내가 이러한 행동을 하지 않았을 때 나를 정신적으로 괴롭히는 것으로 인해 교정된 행동들이었는데, 할머니는 늘 불만이 가득했지만 내심 흡족했던 것 같다.

이렇게 돈도, 시간도 모두 할머니에게 빼앗긴 나에게는 자유가 없었다. 그리고 바로 이것이 어린 날 살아남기 위해 악마와 거래한 대가였다. 악마는 나에게서 영혼도 뺏어갔다. 나는 늘 죽고 싶다는 생각을 하면서도 '내가 할머니에게 잘해주면 언젠간 할머니도 만족하지 않을까? 나는 어차피 버린 인생이니까 한 사람이라도 행복해지는 것이 나을 것 같다.'라는 생각이 들었다. 정상적인 사고를 하는 사람이라면 지금 상황이 비정상이라는 것을 깨닫고 당장 도망갔겠지만, 나에게는 그런 행위가 마치 자신이 모시는 신을 배신하는 배교행위처럼 느껴졌다. 도망간다는 선택지는 나에게 없었. 번듯한 직장을 얻음으로써 내 인생은 역전해버렸다. 위로 올라가고 있는 줄 알았는데, 아래로 떨어지는 형태로 역전하고 만 것이었다.

6막 치킨게임

내 심신은 하루가 다르게 마모되고 있었다. 일과 집안일, 할머니의 시중 외에는 하는 것이 없으니 사람이 망가지는 것이 당연했다. 할머니는 내가 저 셋 외의 활동을 하는 것을 극도로 싫어했다. 심지어 내가 자기개발을 위해 책을 읽거나 공부를 하는 것도 싫어했다. 책 같은 거 읽어봤자 하등 도움이 되지 않으니 돈 아깝게 그런 거 사지 말고, 그 돈으로 자신에게 무언가를 사주거나, 책 읽을 시간에 자신의 팔다리를 주무르라고 했다. 하지만 나는 애써 그 말을 무시하고 책을 마저 읽었다. 내가 할 수 있는 유일한 저항이었다.

그러나 그 마저도 오래 가진 못했다. 한 달 용돈 5만원으로는 책은 커녕 밥을 사먹기도 빠듯했기 때문이다. 상황이 이러다보니 친구를 만나는 것도 쉽지 않았다. 내가 퇴근해서 친구를 만나면 10~30분마다 전화가 걸려왔다. 언제 집에 돌아오냐는 것이었다. 나는 점점 친구들과 있는 것이 불편해져서 결국 혼자 먼저 집으로 돌아가고는 했다. 그러면 할머니는 왜 이렇게 늦게 왔냐고 나를 타박하고는 했다. 그렇게 친구를 만나는 빈도가 점점 줄어들고, 이윽고 일 년에 한두 번만나는 수준이 되어버렸다.

회사에서는 종종 점심을 먹다가 같은 부서 사람들끼리 '주말이나 휴가 때 뭘 하는가?'라는 주제로 이야기꽃이 피고는 했다. 나는 그럴 때마다 할 말이 없어서 다른 사람의 말에 호응만 하며 밥을 먹었다. 그런데 한 사람이 나를 콕 집어 물어보았다. 순간 등에 식은땀이 흘렀다. 대체 뭐라고 둘러대야할까. 머리를 최대한 굴리고는 그냥 집에서 책을 보거나 컴퓨터로 이것저것 한다고 대답했다. 그러자 그 말을 듣던 한 분이 한숨을 푹쉬며, 집안에만 있으면 식견이 좁아진다고 말했다. 또 자신이나 다른 부서의 누구누구는 주말마다 여행이나 아웃도어활동을 한다며 본받으라는 말을 이어갔다. 그 말을 들으며 나는 속으로 '식견이 넓어지는 활동을 한다면서 눈 앞의 있는 사람의 마음조차 전혀 헤아리지 못하는 것을 보면 효과가 없는 것이 아닐까?' 라고 생각했다.

그러나 식견이 좁아지고 있다는 사실에는 동의했다. 회사 사람들의 이야기에 점점 따라가지 못하고 있었던 것은 사실이기 때문이다. 하지만 여행은 꿈도 꿀 수 없었기 때문에 다른 활동을 고민하게 되었다.

그러던 어느 날, 내가 전학을 자주 다니는 바람에 세계사를 제대로 배운 적이 없다는 얘기가 나왔다. 그러자 같은 부서에 있던 친한 과장님이 혹시 괜찮으면 점심시간에 같이 세계사를 공부하지 않겠느냐고 제안해주셨다. 고민할 것도 없이 나는 바로 승낙했다. 직장에서 일하려면 역사는 알아두는 것이 좋다고 생각했기 때문이다. 나는 과장님이 알려주신 교과서를 바로 구매했고, 그 날부터 나를 위한 세계사 수업이 시작되었다. 이것은 나의 삶을 바꾸는 계기가 되었다. 내가 세계사에서 가장 좋아하는 부분은 대항해시대 전후이다. 이 사건을 통해서, 나는 역사란 단순히 조약을 나열하고, 사건을 암기하는 과목이 아니라 나라와 나라, 세력과 세력, 분야와 분야 간의 상호작용을 기록한 것이라는 것을 깨달았다. 그리고 이 상호작용은 명분이 아니라 실리로 인해 움직이고 있으며, 이는 현대에도 여전히 적용되고 있었다. 즉 내가 깨달은 바에 따르면, 내가 관심이 있는 분야를 하나 파고 든 다음에, 그 분야와 인접한 분야를 곁가지처럼 옆으로 뻗어 나가며 배우다 보면 세상을 넓은 시각으로 바라볼 수 있게 되는 것이다. 예를 들어 경제와 역사, 종교와 정치와 같은 조합을 찾으면 된다.

세계사 수업은 나에게 넓은 세상을 알려주었다. 그리고 세상에 대해 더욱 많이 알고 싶다는 지식욕구를 자극시켰다. 세계사 수업이 끝나자 나는 방송통신대학교에 진학하기로 결심했다. 내 결심에 과장님은 무척 기뻐하셨다. 하지만 할머니는 싫어하셨다. 할머니는 내가 방에서 공부를 하고 있으면 30분마다 방문을 열어서 나에게 말을 걸었다. 그래서 도저히 집에서는 집중을 할 수가 없었다. 하지만 자습실에 등록할 돈도 없었고, 무엇보다 30분마다 전화가 올 것을 생각하면 끔찍했다. 공부가 하고 싶은데 공부를 할 수가 없다. 마음 놓고 책을 볼 시간도, 공간도, 책을 살 돈도 없었다. 게다가 대학에 갈 돈은 더욱 없었다. 그런데 도저히 포기할 수가 없었다. 세상에 대한 깨달음을 얻는 그 순간이 나에게는 빛으로 다가왔다. 공부를 하고 싶다는 내 욕구와 할머니로 인해 파멸할 내 삶이 치킨게임을 시작하는 순간이었다. 더는 견딜 수 없게 된 내 표정은 날이 갈수록 어두워져갔다. 어느 날은 보다 못한 과장님이 나에게 퇴근 전에 차나 한 잔 마시자고 제안하셨다. 우리는 회사 근처 카페에서 차를 마시며 나의 고민에 대한 이야기를 나누었다. 나는 과장님에게 할머니에 대해서 솔직하게 말했다. 할머니가 나를 얼마나 힘들게 만드는지 회사사람에게 털어놓은 적이 없기 때문에, '혹시 과장님도 중고등학생때의 담임 선생님이나 친척들처럼 나를 패륜아로 여기면 어떡하지.'라는 불안감이 이야기 하는 내내 마음 속을 몇 번이고 따갑게 지나갔다. 과장님은 진지한 표정으로 한참 생각하시다가 한 마디를 꺼냈다. '멀리 떨어진 지방의 기숙사가 있는 대학에 들어가는 건 어때요?'라고 말이다. 처음으로 듣는 도움이 되는 조언이었다. 그러나 마음 한 편으로는 두려움이 있었다. 지방으로 가는 정도로는 할머니에게서 벗어날 수 없다. 이 나라에 있는 한 할머니는 땅끝까지 쫓아올 것이다. 그러니 국내보다 더 멀리 떨어진 곳, 해외로 나갈 필요가 있었다.
하지만 해외로 유학을 가다니 지금 상황에서는 불가능에 가까웠다. 말도 안 통하고 무엇보다 돈도 없는데 무슨 수로 유학을 간단 말인가. 그러자 내 머리속에 내가 어릴 적 살던 풍경이 스쳐 지나갔다. 그렇다. 딱 한 군데 내가 갈 수 있는 나라가 있었다. 바로 일본이다.

7막 삼고초려

유학을 가기 위한 첫 번째 관문은 할머니를 설득하는 것이었다. 처음에는 솔직한 마음을 전했다. 공부가 너무 하고 싶으니 허락해달라고 말이다. 당시의 나는 종교학이나 신학에 많은 관심을 가지고 있었기 때문에, 해당 분야를 공부하고 싶으니 대학에 가고 싶다는 것과, 한국의 수능을 준비해서 대학에 진학하면 준비기간과 비용을 감당할 수 없기 때문에 유학을 가는 것이 낫다고 얘기했다. 당연히 할머니가 받아들여 줄리가 없었다. 그런 인문학은 집에 돈 많은 사람이나 공부하는 것이니 꿈도 꾸지 말라는 이유였다. 이렇게 내 첫 번째 설득은 실패로 돌아갔다.

한 번 거절당한 나는 다시 방법을 바꿔 설득하기로 했다. 한국에서 내가 원하는 분야를 공부하는 것과 일본에 가서 할머니와 떨어지는 것을 저울질한 결과 후자가 낫다는 판단을 내렸다. 따라서 나는 내가 배우고 싶은 분야를 포기하고, 할머니가 납득할만한 분야를 전공하는 것으로 전략을 바꿨다. 그래서 할머니에게 인문학 계열이 아니라면 이공계나 상경계라면 대학에 가도 괜찮은 것인지 묻자, 할머니는 애당초 좋은 직장에 다니고 있는데 왜 대학에 가야하느냐며 허락해주지 않았다. 이렇게 내 두 번째 설득도 실패로 돌아갔다.

더욱 그럴싸한 명분이 필요했다. 나는 할머니와 나의 이해관계가 일치한다는 점을 내세워 설득해야겠다고 생각했다.

무엇이 좋을지 고민하던 와중에, 여느 때처럼 할머니의 불만이 쏟아져 나왔다.

할머니는 종종 내 월급이 너무 적다며 불만을 내뱉고는 했다. 상여금 나오는 것까지 전부 다 갖다 바쳐도 턱없이 부족하다는 것이었다. 궁금해진 나는 할머니에게 한 달에 얼마 정도 벌어야 할머니가 필요한 돈을 충당할 수 있는 것인지 물어봤다. 할머니는 혼자서 한달에 500만원은 쓸 수 있어야 만족할 수 있다고 했다. 당시 내 연봉이 2500만원 정도였으니 할머니의 요구사항을 충족하기에는 턱없이 부족했다. 그래서 나는 이 부분으로 할머니를 설득하기로 했다. 지금 내 월급은 너무 적고, 이대로라면 생애소득도 많지 않을 것 같으니, 더 많은 돈을 벌기 위해서는 대학에 가야 한다고 설득했다. 실제로 이직하고 싶어서 구인구직 사이트를 찾아보니, 모두 대졸 학력을 원하고 있었기 때문에 이직을 하려면 대학교 졸업장을 따야했다. 나는 할머니에게 지금처럼 성장이 없는 단순 업무를 반복하다가 노후에 할 수 있는 일이 없어 밥을 굶는 것보다는, 지금이라도 공부해서 전문성을 갖춰 평생 일할 수 있는 능력을 갖추는 것이 낫다고 설득했다. 그러자 할머니는 내게 대학에 갈 것이 아니라 부업을 해서 돈을 더 벌면 되지 않느냐고 했다. 나는 할머니가 나에게서 더 쥐어짤 수 있는 부분을 찾아냈다는 것에 감탄해 버리고 말았다. 이렇게 내 세 번째 설득도 실패로 돌아갔다.

세 번이나 설득에 실패하자 더 이상 설득할 방법이 떠오르지 않았다. 이대로 일본유학을 포기해야하나 싶은 와중에 의외의 조력자가 나타났다. 바로 아버지였다. 당시의 나는 아버지와 일 년에 한 번 연락할 정도로 교류가 없었다. 그래서 나는 아버지가 나의 근황에 아무런 관심이 없는 줄 알았다. 아무래도 할머니가 아버지에게 '애가 이상한 소리를 하니 말려봐라.' 라고 연락을 한 모양이었다. 아버지는 그 전화를 받자마자 할머니에게 '애가 대학에 가고 싶다는데 응원은 못할 망정 그게 무슨 말이에요?' 라며 화를 냈다. 아버지와의 전화 통화 이후 할머니는 자신의 입지가 불리하다고 생각했는지, 마지못해 나의 일본유학을 허락해주었다. 이렇게 첫 번째 관문을 무사히 넘기게 되었다.

다만 유학을 허락하는 대신 1)상경계열 학부에 진학할 것, 2)학비 및 생활비는 스스로 마련할 것, 3)재수는 허락할 수 없으니 4개월 안에 대학입시에 합격할 것이라는 세 가지의 조건이 주어졌다. 나는 어떤 조건이라도 해낼 수 있다고 바로 승낙했다. 어차피 처음부터 누군가가 도와줄 거라고 기대도 하지 않았으니, 사실상 그냥 허락해 준 것이나 마찬가지였다. 그렇게 나의 본격적인 유학준비가 시작되었다.

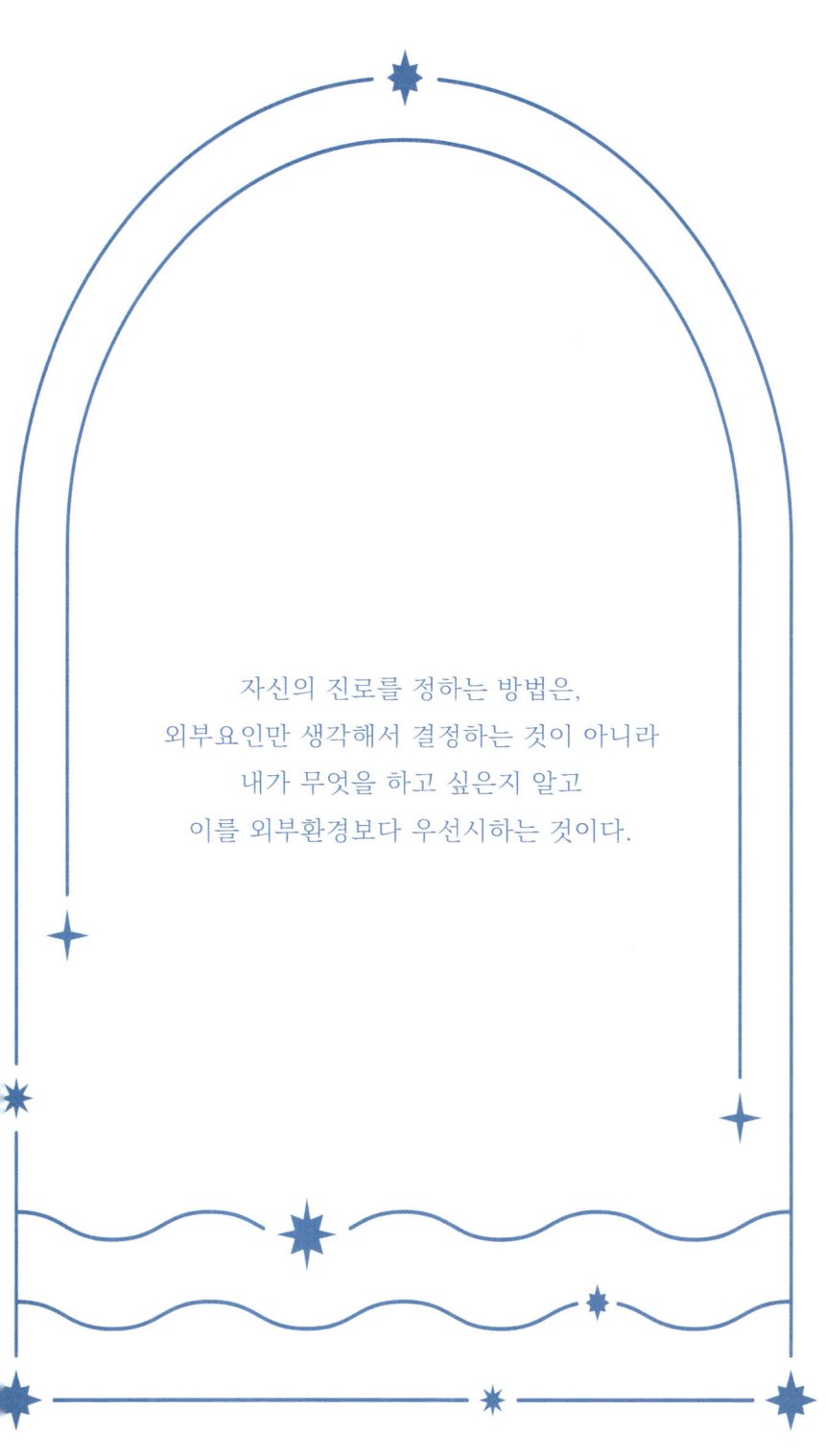

자신의 진로를 정하는 방법은,
외부요인만 생각해서 결정하는 것이 아니라
내가 무엇을 하고 싶은지 알고
이를 외부환경보다 우선시하는 것이다.

2장

일본유학 준비 과정

나의 유학준비는 크게 3단계로 나누어진다. 첫 번째로 정보수집 단계, 두 번째로 일본유학시험(편의상 EJU라고 하겠다)준비 단계, 세 번째로 각 대학별 본고사를 준비하는 단계이다. 이제 차례대로 살펴보자.

1막 정보수집 단계

우선 일본유학을 허락받았으니, 이를 어떻게 준비할지 구체적으로 계획할 필요가 있었다. 일본에는 어떤 대학이 있으며, 이에 입학하기 위해선 어떤 절차를 거쳐야 하는지 조사할 필요가 있었다.

Part1. 일본대학에 대해 알아보기

일본대학은 크게 국공립과 사립으로 나뉘어 있으며, 일반적으로 국공립을 사립보다 더 높게 쳐주는 편이다. 학교의 등급은 편차치로 구분되며, 편차치가 높을수록 등급이 높은 학교라고 할 수 있다. 또한 학부에 따라 다소 편차치의 차이가 존재한다. 해당 대학의 간판학과 같은 경우에는 편차치가 다른 학부에 비해 높은 경우가 많다. 자세한 학교의 등급이나 편차치 등은 일본의 관련 사이트에서 검색하면 자세한 등급을 알 수 있으며, 한국에서는 포털사이트 내에서 '일본대학 순위' 같은 검색어로도 쉽게 찾아볼 수 있다. 해당 정보가 100% 정확한 것은 아니나, 참고가 될 것이다.

나의 체감상 분류하자면 다음과 같다. 분류는 일본의 '就活 HANDBOOK'이라는 사이트의 대학구분을 참고로 하였다.

〈일본 대학 분류표〉

분류	국공립	사립
분류1	東京大学(도쿄대학) 京都大学(교토대학) 一橋大学(히토츠바시대학) 東京工業大学(도쿄공업대학) 大阪大学(오사카대학) 東北大学(토호쿠대학) 名古屋大学(나고야대학) 九州大学(큐슈대학) 北海道大学(홋카이도대학)	早稲田大学(와세다대학) 慶應大学(게이오대학)
분류2	神戸大学(고베대학) 横浜国立大学(요코하마국립대학) 筑波大学(츠쿠바대학) 電気通信大学(전기통신대학) 東京農工大学(도쿄농공대학) 名古屋工科大学(나고야공과대학) 京都工芸繊維大学(교토공예섬유대학) お茶の水女子大学(오차노미즈여자대학) 国際教養大学(국제교양대학)	上智大学(죠치대학) ICU(국제기독교대학) 東京理科大学(도쿄이과대학)

분류3	金沢大学(카나자와대학) 岡山大学(오카야마대학) 熊本大学(쿠마모토대학) 広島大学(히로시마대학) 名古屋市立大学(나고야시립대학) 大阪公立大学(오사카공립대학) 千葉大学(치바대학) 横浜市立大学(요코하마시립대학) 埼玉大学(사이타마대학) 信州大学(신슈대학) 滋賀大学(시가대학) 静岡大学(시즈오카대학) 新潟大学(니가타대학) 東京外国語大学(도쿄외국어대학)	学習院大学(가쿠슈인대학) 明治大学(메이지대학) 青山学院大学(아오야마가쿠인대학) 立教大学(릿쿄대학) 中央大学(츄오대학) 法政大学(호세이대학) 関西学院大学(칸세이가쿠인대학) 関西大学(칸사이대학) 同志社大学(도시샤대학) 立命館大学(리츠메이칸대학)
분류4	지방 공립대학	日本大学(니혼대학) 東洋大学(토요대학) 駒澤大学(코마자와대학) 專修大学(센슈대학) 京都産業大学(교토산업대학) 近畿大学(킨키대학) 甲南大学(코난대학) 龍谷大学(류코쿠대학)
기타(학력으로 취업에 제한이 있는 경우가 있음)		

〈분류1〉에 속하는 대학은 소위 말하는 최상위권 대학이며, 학력으로 취업에 제한을 받는 일이 전혀 없다. 다만 너무 높아서 차별받을 수는 있다.

〈분류2〉에 속하는 대학은 〈분류1〉에 속하는 대학과 구분은 되지만 취업에 있어서 크게 차이는 없다. 다만 최상위 학력을 요구하는 일부 컨설턴트 회사나 투자은행과 같은 곳은 제한을 받을 수 있다.

〈분류3〉에 속하는 대학은 상장대기업에 취업하는데 있어서는 큰 문제가 없는 정도이며, 〈분류4〉에 속하는 대학은 상장기업 및 비상장 중견기업에 취업하는 데 있어서 큰 지장이 없는 정도라고 생각하면 구분하기 편할 것이다.

일본 상위권 대학이라 하더라도 수가 제법 되고, 대학내에서도 학부에 따라서 편차치가 또 다르기 때문에 위의 표가 절대적으로 맞다고 하기 어렵다. 또한 내가 여기에 포함하지 못한 대학도 있을 것이다. 대략 이렇다는 느낌만 이해하면 좋겠다.

그 외에 어느 지역에 어떤 학교가 있고, 자신이 희망하는 학과가 있는 학교가 어디인지 확인하고 싶을 때에는 'JAPAN STUDY SUPPORT' 사이트를 참고하면 좋다. 해당 사이트에서는 학교의 지역이나 학과 외에도 국공립/사립 구분, 지원 시기 등으로 학교를 조회할 수 있어서 편리하다.

Part2. 일본유학시험(EJU)에 대해 알아보기

일본에 어떤 대학이 있는지 살펴보았으니, 이제 대학에 들어가려면 무엇을 준비하는지 알아보자. 일본의 유학시험제도는 일본 학생들이 입시를 준비하는 것과 방식이 비슷한데, 다만 외국인이 시험을 본다는 것을 감안하여 조절된 시험의 난이도와 과목의 차이가 존재한다.

일본대학에 유학하기 위해서는 우선 일본유학시험(통칭 'EJU')라고하는 시험을 치룬 다음, 해당 점수를 기반으로 자신이 원서를 넣을 대학을 고른다.

만약 자신의 시험 점수로 어느 정도 수준의 대학을 지원해야 하는지 잘 모를 때에는 유학원에 문의하거나, 혹은 위에

기재한 일본 대학 등급표와 함께 일본대학교정보센터의 홈페이지에서 제공하는 'EJU 성적으로 진학하는 학생들의 대학별 성적 집계표' 라는 페이지의 정보를 참고하면 좋다. 정보는 4년에 1번 정도 주기로 갱신되며, 어느 정도 점수로 해당 대학의 학부에 합격했는지 확인할 수 있다.

 EJU시험을 치룬 다음에는 자신이 지원하고자 하는 대학의 본고사(대학마다 치루는 2차시험 같은 것)를 준비해야 한다. 상위권 대학일수록 EJU에서 높은 성적을 요구함과 동시에 본고사 준비가 까다롭다. 예를 들면 영어 성적으로 TOEFL 80점 이상을 요구하는 경우도 더러 있으며, 본고사의 소논문 시험도 어려워지거나, EJU 외의 별도의 학력시험을 치루는 등의 차이가 있다.

EJU시험은 일 년에 두 번(6월과 11월)에 치뤄지며, 6월에 치룬 시험성적으로 원서를 제출하는 경우를 일반적으로 전기, 11월에 치룬 시험성적으로 원서를 제출하는 경우를 일반적으로 후기라고 한다. 나의 경우, 6월에 퇴사했기 때문에 11월의 시험을 치루고 후기입시를 진행하는 것만이 유일한 방법이었다.

또한 EJU시험은 문과인지 이과인지에 따라 과목이 바뀌는데, 문과의 경우 일본어, 문과수학, 종합과목(종합과목은 수능의 사회탐구영역 범위를 전부 합친 것 같은 과목이라고 보면 된다.)의 3가지를 치루게 된다. 사립대학의 경우 문과수학을 응시하지 않아도 원서를 제출할 수 있는 경우가 많아, 수학공부에 많은 고통을 느끼는 학생의 경우, 재정상황만 받쳐준다면 사립으로 가는 것도 선택지 중 하나라고 할 수 있다. 반대로 국공립이 사립에 비해 높은 평가를 받는 이유도 여기에 있다. 일본학생의 경우도 국공립대학이 사립대학에 비해 응시하는 과목수가 많기 때문이다.

이과의 경우는 일본어, 이과수학에 더하여 이과과목인 물리, 화학, 생물 중 학교 및 학부에 따라 1~2과목 정도를 선택한다. 참고로 이과수학의 경우, 범위가 문과수학의 약 3배 정도이며, 대학 진학 후의 공부시간도 크게 차이가 난다. 그만큼 이과는 취업에서 대우받긴 하지만, 문과와 이과 중에 어느 쪽으로 갈지 고민하는 경우, 자신이 유학생활에서 무엇을 추구하는지 잘 고려한 후 결정하기 바란다.

참고로 일본은 문과라고 해서 취업에 큰 제약을 받지는 않는다. 현재 일본은 구직자보다 구인수가 더 많은 상황이며, 많은 기업이 부서 배치 전에 연수를 실시하기 때문에, 사회인으로서 갖춰야 하는 매너나 회사의 업무 방식을 가르친 다음 현장에 배치하는 경우가 많다. 따라서 인문계(한국에서 소위 말하는 취업 안 되는 학부인 문사철을 포함해서)를 졸업한 학생이라 하더라도 가르치면 그만이기 때문에 오히려 학과보다는 출신 학교나 일본어 능력, 사회성, 의사소통 능력, 인성을 보는 경우가 더 많은 것 같다.

따라서 취업을 위해서 무조건 이과를 선택하기 보다는, 여러분이 일본유학을 통해서 친구도 사귀고, 여러 곳을 둘러보고, 많은 경험을 하면 좋겠다. 물론 이공계 분야에서 배우고 싶은 열정이 있다면 당연히 이과를 선택해야 한다. 중요한 것은 '부모님이 시켜서, 주변 환경이 이러니까.'와 같은 외부 요인만 생각해서 결정하는 것이 아니라, 내가 무엇을 하고 싶은지 알고 이를 외부환경보다 우선시하는 것이다. 그래야 자신의 선택을 후회하지 않기 때문이다.

유학은 생각보다 힘든 과정이다. 자신이 원해서 선택했다고 하더라도, 타국에서 외국인으로 산다는 것은 쉬운 일이 아니다. 원어민 수준의 언어능력을 갖추더라도 외국인임에는 변함이 없기 때문에, 메인 스트림과 나 사이에 절대 사라지지 않는 얇은 막이 존재하는 느낌을 지울 수가 없다. 문화적인 차이에서 오는 가치관이나 사고방식의 충돌도 시시때때로 존재한다. 이런 상황 가운데 버팀목이 되는 것은 '그래도 이 분야를 좋아하니까, 일본을 좋아하니까 이 곳에서 공부하고 싶다'라는 마음이다. 그러니 좋아하지도 않는데 외부요인으로 결정을 내려버리면 버팀목이 없는 채로 지내야 하기 때문에 힘든 일이 생기면 더욱 견디기 어려워진다.

2막 EJU시험 준비 단계
Part1. 지망학교와 유학원 고르기

일본대학에 유학하기 위해서는 EJU를 치뤄야 한다는 사실과, 상경계열에 입학을 원하는 내 경우에는 문과 과목인 일본어, 문과수학, 종합과목을 준비하면 된다는 사실을 알았다. 시간이 4개월 밖에 없으므로 효율적으로 진행할 필요가 있었다.

우선 원서를 넣을 학교를 정할 필요가 있었다. 내가 지원할 학교의 조건은 국공립일 것, 상경계열 학부에서 유학생을 받는 학교일 것, 영어의 경우 학교의 자체시험을 치루거나 영어시험 성적 제출이 필요 없을 것, 후기 입시를 실시할 것이라는 네 가지 조건을 바탕으로 학교를 찾을 필요가 있었다. 조사를 실시하자, 세 군데 정도의 학교가 후보로 떠올랐고 최종적으로 두 군데에 원서를 넣게 되었다. 유학원의 원장님 말로는 일반적으로 네 군데 정도 원서를 제출한다고 하며, 많은 사람은 여섯 군데도 지원하기 때문에, 두 군데만 넣는 나는 드문 경우라고 했다.

참고로 국공립 대학교는 학비가 정해져 있으며, 입학금이 30만엔 정도, 학기 당 학비가 약 30만엔 정도이다. 공립의 경우 지역 및 학교에 따라 학비가 조금씩 다른 경우가 있기 때문에, 자세한 학비는 학교 홈페이지를 참고하길 바란다.

4개월이라는 시간제한을 감안하여, 나는 독학이라는 선택지를 버리고, 바로 학원을 알아보기로 했다. 당시의 나에게는 두 가지 선택지가 있었다. 일본유학원 중에서 가장 유명한 A학원과, 저렴한 가격에 수업을 들을 수 있는 B학원이 있었는데, 아무래도 학원비도 그동안 모은 돈으로 지불해야하기 때문에 저렴한 B학원을 선택할 수밖에 없었다. 문과수학을 가르쳐주는 학원이 많지 않았기 때문에 생각보다 선택지는 많지 않았다.

퇴직금과 만기가 다가온 적금은 할머니가 전부 가져가버리는 바람에, 할머니의 운전수 노릇을 하기 위해 구매한 작고 귀여운 경차를 판 돈 600만원으로 학원비를 충당하기로 했다. 일본어는 굳이 수업을 들을 필요를 느끼지 못해서, 종합과목과 수학만 듣기로 했다. 당시 가격으로는 한 과목 당 20~25만원 정도였으니, 한 달 학원비가 40~50만원 정도 필요했고, 4개월이면 EJU대책 비용만으로 200만원 정도가 필요했다.

수강할 수업을 정했으니, 이제 공부방법을 정할 차례였다. 이제부터는 EJU시험 공부방법을 소개하고자 한다. 다만 공부하는 방식은 사람마다 차이가 있기 때문에, 내 방식대로 공부하면 반드시 점수가 오른다는 것은 아니다. 중요한 것은 자신과 맞는 공부방법을 찾기 위해 다양한 시도를 하고, 시행착오를 반복하는 것이다.

Part2. 문과수학

내가 가장 공들여 공부한 것은 수학이었다. 일본어는 이미 JLPT N1을 취득했기 때문에 굳이 공부할 필요를 느끼지 못했으며, 종합과목은 방송통신대학교의 교양과목에서 배운 것이 도움이 되었지만, 수학은 5년 이상 공부하지 않은 상태였다. 더군다나 수학은 과목의 특성상 다른 암기과목과 다르게 빠르게 실력이 오르지 않는 과목이었으므로, 4개월이라는 짧은 시간 동안 수학에 전력을 다해야 했다.

수학을 준비하기 위해 내가 가장 먼저 한 것은, 일본의 입시준비생들이 사용하는 참고서 중에서 가장 난이도가 쉬운 것이 무엇인지 조사하는 것이었다. 조사결과, 일본의 수학의 정석이라고 불리는 '차트 수학'이라는 참고서가 있는데, 이 중에서 흰색이 가장 난이도가 낮다는 정보를 입수하였다. 나는 우선 이 책을 구매하기로 했다.

굳이 일본 참고서로 공부한데는 이유가 있다. EJU수학은 일본의 입시를 기준으로 범위가 정해져 있기 때문에, 한국의 수능시험범위와 차이가 있기 때문이다. 따라서 EJU를 준비하는 경우에는 가능하다면 일본의 참고서를 활용하거나, 만약 일본어에 자신이 없다면 유학원에서 번역한 교재를 사용하는 것을 추천하고 싶다.

책이 도착한 후에는 시험까지 남은 날짜를 계산한 다음에, 목차를 펼치고 전체 분량을 남은 날짜로 계산하여, 하루에 공부해야 하는 분량을 정했다. 시험 2주 전부터는 기출문제를 집중적으로 풀 필요가 있었기 때문에, 해당 날짜를 제외하고 계산하니 하루에 2-3개 정도의 소단원을 학습할 필요가 있었다. 3개월 동안은 흰색 차트 수학만 집중적으로 공략하고, 모르는 문제는 학원 선생님께 질문하는 식으로 진행하였다. 다만 가능하면 시간이 걸리더라도 스스로 해설을 보고 이해하도록 노력하였다.

구체적인 문제풀이 방법으로는, 우선 해당 내용을 펼치고 1-2페이지에 걸쳐 설명된 개념을 훑어봤다. 그 다음 문제를 풀어보는데, 1분 동안 고민해도 풀이 방법을 모르면 바로 답지를 보았다. 해설을 한 글자 한 글자 정성스럽게 읽어보면서 푸는 방식을 익히고, 그 다음에는 해설을 보지 않고 혼자서 풀어보았다. 그리고 해설 없이 풀 수 있게 되면 바로 다음 개념으로 넘어갔다.

시간이 없어서 복습은 따로 하지 않았다. 다만 흰색 차트 수학을 다 풀고 난 후에는 '하이레벨 수학'이라는 교재를 구매하여 처음부터 끝까지 풀어보고, 해설의 도움 없이 혼자서 풀 수 있게 될 때까지 몇 번이고 반복해서 풀었다. 3회독 정도 하자, 모든 문제를 해설 없이 풀 수 있게 되었다.

마지막은 과거 5년 분량의 기출문제(즉 10회분에 해당한다)를 풀어보았다. EJU기출 문제는 해설이 없기 때문에, 모르는 문제는 선생님에게 바로 질문했다. 다만 하이레벨 수학과 비슷한 풀이가 많았기 때문에 딱히 모르는 문제는 없었던 것 같고, 시간이 부족하다는 점이 가장 문제였다. 실제 시험에서도 모든 문제의 풀이를 알고 있음에도 불구하고 시간이 부족하여 마지막 5번문제를 풀지 못했기 때문에, 문제풀이가 어느 정도 익숙해진다면 시간관리에 집중할 것을 추천하고 싶다.

Part3. 종합과목

개인적인 공부시간은 전부 수학에 투자했기 때문에 종합과목은 전적으로 학원에 의지했다. 개인적인 생각으로는, 종합과목은 학원에서 가르쳐주는 내용을 제대로 듣고 복습만 한다면 점수가 잘 나오는 과목이라 생각한다.

내가 듣던 수업의 진행방식은, 선생님이 '하이레벨 종합과목'이라는 교재를 사용하여 내용을 풀어서 설명해주고, 설명이 끝나면 관련 기출문제를 1~2개 풀어보는 식이었다. 만약 본인이 듣는 수업이 이런 방식으로 진행되고 있다면, 선생님이 주시는 문제를 복사, 스캔하여 따로 보관하여 복습할 때 활용하기 바란다.

종합과목은 기출문제를 많이 풀 수록 점수를 확보할 수 있는 과목인데, 당연하지만 기출문제는 단원별로 정리되어 있지도 않고 해설도 없기 때문에, 정답의 근거를 찾는 작업에 시간이 많이 걸린다. 따라서 수업에서 다룰 때 미리 교과서의 어느 부분과 관련된 문제인지 표시해두거나, 교과서 내용 순서대로 문제를 정리해 둔다면 시험직전이라는 중요한 복습 시기에 시간을 많이 단축할 수 있다.

Part4. 이과 과목에 대하여

이과 과목인 생물, 화학, 물리, 이과수학에 관해서는 내가 문과이기 때문에 자세한 정보를 제공하는 것이 어렵다고 생각한다. 다만 같은 학교의 이공계열 학부 유학생에게 인터뷰한 내용을 바탕으로 해당 학생의 경험담을 공유하고자 한다. 그 학생은 이과 과목은 좋은 문제집을 구하는 것보다 기출문제에 비중을 많이 뒀고, 풀 수 있는 기출문제는 모두 풀어보았다고 한다. 다만 전체적으로 엄청나게 어려운 문제는 나오지 않기 때문에 여러 가지 유형의 문제를 풀어보면서 문제에 익숙해지는 것이 중요하다.

이과수학에 대해서는, 해당학생의 경우 수능 수학을 준비한 경험이 있었기 때문에 기본적인 수학실력이 이미 밑받침이 되어 있었다. 수능 수학에 비해서 난이도는 EJU가 더 쉬운 편이지만 특유의 문제방식이 익숙하지 않다는 사람이 많기 때문에, 이과 수학 역시 기출문제를 비롯한 여러 문제를 풀면서 문제에 익숙해지는 것이 중요하다. 다만 한 가지 특이사항으로는, '복소평면'이라는 단원이 한국 교육과정에 없다고 하니 해당 내용이 생소할 수 있으므로 이는 일본의 참고서를 구해서 공부하는 것을 추천한다.

Part5. 일본어와 영어는 왜 안 다루나요?

이 두 가지에 대해서는 솔직히 내가 알려줄 수 있는 것이 없다. 일본어는 이미 어릴 때부터 원어민 수준으로 구사할 수 있었고, 한국으로 돌아온 후에도 일본의 드라마나 애니메이션, 소설 등을 통해 어휘도 풍부하게 익혔기 때문에 일본어는 시험 직전에 기출문제를 풀어본 것이 전부이다.

다만 주변에서 EJU를 준비하는 사람들은, 일반적으로 JLPT N2 정도의 실력을 갖춘 후에 EJU를 준비하는 경우가 많았는데, 무엇부터 준비해야할지 모르겠다는 사람은 우선 JLPT N2를 목표로 공부하는 것을 추천한다.

영어에 대해서는 나의 경우 4개월이라는 짧은 기간 동안 수학과 영어 모두 다 공부하기에는 시간이 턱없이 부족했기 때문에, 시험 전략을 짠 결과 영어는 포기하는 전략으로 했다. 따라서 영어의 공부방법에 대해서도 이야기할 수 있는 것이 없다.

다만 시험 전략에 대해서 몇 가지 이야기하자면, 국공립 학교를 지망하는 학생은 수학이 필수이기 때문에, 나처럼 영어와 수학 중에 하나만 선택해야하는 상황이라면 수학을 선택하고, 영어 시험성적을 제출할 필요가 없는 학교나 학부를 선택하면 된다.

사립학생의 경우는 문과라면 수학을 요구하지 않는 곳이 많고, 오히려 영어를 요구하는 경우가 있다. 따라서 이 경우에는 수학보다 영어를 선택하는 것이 좋다. 또한 학교에 따라서 TOEFL을 요구하는지 TOEIC을 요구하는지도 다르기 때문에, 대학의 입시요강을 꼼꼼하게 확인하는 것이 중요하다.

3막 본고사 준비 단계

나의 경우, 본고사는 11월의 EJU시험이 끝나자마자 준비를 시작했다. 그 전에 섣불리 손대면 오히려 EJU시험에 안 좋은 영향이 갈 것이라고 생각했기 때문이다. 본고사는 크게 면접, 소논문, 학력시험으로 나눌 수 있다. 내가 본고사를 준비했을 때는, 면접과 소논문은 학원의 도움을 받았고, 학원에서 배운 내용이 실제로 도움이 많이 되었다.

Part1. 면접

우선 말하면 나는 3가지 본고사 유형 중에서 면접이 가장 자신이 있었다. 평소에 사람들과 대화하는 것을 좋아하기 때문에, 면접은 주로 예상 질문의 확보와 이에 대한 답변 준비, 그리고 내가 준비한 답변의 암기, 모의 면접 실시라는 단계를 거치는 것이 전부였다.

예상 질문은 학원에서 제공해준 것을 활용했고, 내가 답변을 적어서 가져가면 선생님이 답변에 피드백을 하거나, 해당 답변에 대한 더 깊이 있는 질문을 준비하는 방식으로 이루어졌다. 더 이상 고칠 부분이 없고 추가적인 질문도 안 나오게 될 때까지 한 달이 꼬박 걸렸고, 이 단계부터 질문에 따른 답변을 전부 암기했다.

암기의 요령으로는 모든 내용을 암기하는 것이 아니라, 자신이 답변으로 적은 부분 중에서 중요한 키워드만 체크하여 해당 키워드를 전달하기 위한 내용을 간단하게 머리속에 그려서 상대방에게 전달하는 것이다. 이렇게 하면 외워서 말하는 티가 나지 않고, 진심으로 말하고 있다는 모습을 보일 수 있다.

작성한 답변의 내용이 길다면, 반드시 전달해야하는 부분과 상황에 따라 전하면 좋은 부분으로 나눠서 외우면 좋다. 실제 면접에 들어가면 긴장하기 때문에 생각보다 답변하는 것이 쉽지 않다. 예를 들어 긴장해서 자신이 말하려던 내용에서 이상한 방향으로 가거나 내용을 까먹은 경우, 위에서 말한 방식으로 암기하면 반드시 전달해야하는 내용은 전할 수 있고, 무사히 답변했다는 안도감을 얻어 자신감을 잃지 않을 수 있다.

만약 면접에서 긴장을 많이 하는 사람이라면 주변 사람을 상대로 모의 면접을 실시하는 것도 좋다. 예를 들어 일본으로 유학을 가는 이유나, 가서 무엇을 배우고 싶은 것인지 등은 면접의 단골질문일 뿐만 아니라, 일상에서도 자주 받는 질문이다. 따라서 가족이나 친척, 친구들 등 다양한 사람들에게 자신의 일본유학에 대해서 이야기하는 것이 도움이 될 것이다. 사람은 자신의 예전에 얘기한 내용과 비슷한 내용을 말하는 상황이 오면 신기하게도 예전에 얘기한 말들이 떠오를 때가 있다. 모의면접의 상황을 따로 마련하는 것이 어렵다면 이런 방법을 활용하는 것도 괜찮다.

본고사 면접, 예상질문과 예시답안

Q. 다른 나라가 아니라 일본으로 유학을 오고자 하는 이유는?

- 나의 경우 일본과의 접점, 일본 대학에서만 배울 수 있는 내용, 글로벌 사회에 맞는 능력을 갖추기 위한 첫 걸음, 잘 갖춰진 일본의 장학금 제도, 지리적으로 가까운 거리, 선진국 중에서 가장 저렴한 학비 및 생활비 등을 꼽았다.

Q. 왜 우리 학교를 지망하는지?

- 솔직한 마음으로 국공립 대학 중에서 영어를 안 보는 학교이기 때문이라고 말하고 싶었지만, 면접에서 이런 말은 하면 안 된다. 최대한 학교의 장점을 나열하는 것이 좋다. 나는 학교의 장점을 찾기 위해서, 학교의 홈페이지로 접속하여 학장의 인사나 학교의 역사, 매년 발행하는 간행물 등을 찾아보았고, 해당 내용을 바탕으로 장점을 추출하였다.

Q. 왜 해당 학과를 지망하는지? 대학에서 어떤 것을 공부하고 싶은지?

- 이 질문에 대해서는, 만약 본인이 해당 분야나 학과에 대해서 열정을 가지고 있었다면 그 부분을 이야기하는 것이 좋다. 딱히 그런 것이 없고, 면접에서 얘기하기 불편한 현실적

인 이유(취업이 잘 될 것 같다 등)로 결정한 것이라면, 해당 학과에서 실시하는 독특한 제도나, 관심이 가는 수업을 몇 가지 나열하는 것이 좋다. 둘 다 대학교 홈페이지에서 찾아볼 수 있으며, 학과에서 시행하는 제도에 대해서는 대학교나 재학생 항목에서 찾아볼 수 있고, 수업에 대해서는 시라바스라고 하는 수업계획서에서 자세한 내용을 찾아볼 수 있다.

Q. 졸업한 후의 진로는? 해당 연구실/기업에서 어떤 일을 하고 싶은지?

- 졸업 후의 진로를 무엇을 적어야할지 고민하는 사람이 많은데, 이는 현재 시점의 예상일 뿐이지 반드시 실행해야 하는 공약이 아니다. 나 같은 경우에는 대학을 졸업하면 펀드매니저가 되고 싶다고 했는데, 현실에서는 취업은 커녕 대학원으로 진학을 했고, 지금은 IT기업에 들어가서 일하고 있다. 업무도 펀드와는 전혀 관련이 없는 일이다. 중요한 것은 내가 지금 상황에서 대충 어떤 분야에서 일을 하고 싶고, 그러기 위해서는 대학에서 무엇을 공부해야할지 생각을 하고 있다는 점을 보여주는 것이다.

Q. 어떤 대학생활을 보내고 싶은지?

- 이 질문은 대학에서 공부를 하는 것 외의 부분에 대한 질문이라고 할 수 있다. 공부에 관한 질문은 학교나 학과 지망에서 물어보고, 그 후에 이 질문이 나오는 경우가 있다. 나의 경우, 특정 서클에 관심이 있는데(어떤 서클이 있는지는 학교 홈페이지에서 볼 수 있다), 학업에 지장이 가지 않

는 범위 내에서 학교의 서클활동에 참가하여 친구들과 어울리거나, 더 다양한 취미 생활을 하고 싶다는 얘기를 했다.

Q. 지금까지 살면서 가장 노력한 일이나, 극복한 일은?

- 이것은 사람마다 다르다. 불행인지 다행인지 모르겠으나, 나의 경우 예전 직장에서 고생한 경험들이 있었기 때문에, 그 중 하나를 이야기했다. 이 질문의 핵심은 어떤 고생을 했는지가 아니라, 어떻게 극복했는가이다. 이 점을 잘 생각해서 답변을 적어보자.
참고로 나의 경우는, 일이 특별히 바빠지는 기간 동안 근무시간도 길어지고 휴일근무도 잦아져서 모두 힘들어하는 상황을 우선 설명했다. 그리고 그런 상황 속에서도 주변 사람들을 배려하는 마음을 잊지 않았고, 그 결과 부서 내의 분위기가 좋다고 주변에 소문이 났다는 경험담을 얘기했다.

Q. 학비나 생활비는 어떻게 준비할 것인가?

- 이 질문이 어떻게 보면 가장 중요한데, 여기서 '입학해서 어떻게든 아르바이트해서 혼자 벌어서 내겠다' 같은 답변을 하면 위험하다. 이 질문의 핵심은 면접자가 차질없이 학비를 낼 수 있는지, 혹은 이에 대한 계획이 있는지 묻는 것이지 열정을 따지는 질문이 아니기 때문이다. 가장 무난한 대답은 '부모님께서 학비와 생활비를 보내주시기로 하셨다, 혹은 지금까지 모은 적금으로 학비를 낼 예정이다. 하지만 성인으로서의 책임감을 가지기 위해 학업에 지장이 가지 않는 선에서 아르바이트를 하려고 한다' 같은 내용이 좋다.

Q. 취미와 특기는 무엇인가?

- 취미에 대해서는 자신이 좋아하는 것을 얘기하면 된다. 만약 자신의 취미에 자신이 없다면, 그 취미가 나에게 어떤 유익함을 주는지 함께 얘기하면 좋은 인상을 남길 수 있다. 예를 들면 나는 게임과 웹서핑을 정말 좋아하는데, 이걸 취미라고 말하면 좀 밋밋한 느낌이 있다. 하지만 게임을 통해서는 인간이 즐거움을 느끼는 매커니즘에 대해 배울 수 있고, 이를 현실에 적용하는 방법을 연구할 수 있다. 마찬가지로 웹서핑도 단순한 시간 떼우기가 아니라, 아직 책으로 출판되지 않은 최신 정보를 얻을 수 있고, 여러 분야에 관심이 있는 사람들과 토론할 수 있는 환경이 갖춰져 있기 때문에, 정보수집의 일환이라고 할 수 있다. 중요한 것은 우리가 평소에 당연하다, 혹은 누구나 할 수 있다고 생각하는 일 조차도 가치를 발견하고 그것을 다른 사람에게 전달할 수 있다면 무엇이든 훌륭한 취미가 될 수 있다는 것이다.

특기에 대해서는, 많은 사람들이 자신이 남들보다 잘 할 수 있는 것을 얘기해야 하기 때문에 특기가 없다고 생각하는 사람이 많다. 물론 특기의 정의는 그게 맞지만, 문제는 대부분의 사람들이 마치 자격증을 취득하거나 이력서에 적을 수 있는 능력이어야만 특기라고 할 수 있다고 생각하는 것이다. 아무도 '특기란에 적기 위해서는 관련 자격증을 취득해야만 한다'고 정하지 않았다. 중요한 것은 스스로 자신있게 '나는 이것을 잘 한다'고 말할 수 있는 것이다. 그래서 나는 늘 특기에 '다른 사람의 장점을 발견해서 칭찬하는 것'

이라고 적지만, 그 누구도 나에게 그런 건 특기가 아니라고 반박한 적이 없다. 만약 스스로 특별한 활동을 따로 하고 있다면 그것을 적어도 좋다. 악기 연주나 외국어 능력도 훌륭한 특기이다. 하지만 세상에는 더 많은 특기가 있다는 사실을 알아줬으면 한다.

Q. 자신의 성격의 장단점은?

 - 이 질문은 답변을 작성하는 요령이 두 가지 있다. 하나는 스스로 생각해서 적는 것이 아니라 주변 사람들에게 물어본 후에 적는 것이고, 또 하나는 성격의 단점을 얘기한 후에는 단점을 극복하기 위해 어떤 노력을 하고 있는지 적는 것이다. 나의 사례를 들자면, '나의 성격의 장점은 책임감이 강하다는 것이다. 그래서 맡은 일에 최선을 다할 뿐만 아니라 책임감을 가지고 끝까지 해내려고 한다. 반면, 단점은 책임감 때문에 무리를 할 때가 종종 있다는 점인데, 너무 무리해서 일을 하는 바람에 번아웃 증후군을 겪을 때가 있다. 그래서 나는 단점을 극복하기 위해 평소부터 스트레스 관리를 하고 있다. 나는 게임을 하거나 친구를 만나서 이야기를 나누는 활동을 통해 스스로의 스트레스를 관리하고 있다.'라고 답변했다. 내용을 보면 장점, 단점, 단점의 극복 방법과 각각의 사례에 대해 이야기하고 있는 것을 알 수 있다.

Q. 최근 읽은 책/뉴스는 무엇이 있는지?

 - 이 질문의 의도는 평소에 독서를 하는지, 혹은 시사문제에 관심이 있는지, 만약 해당 활동을 하고 있다면 어떤 분

야에 관심을 가지고 있는지를 묻기 위한 질문이라고 할 수 있다. 책의 경우, 자신이 지금까지 읽었던 책 중에서 인상깊었던 책의 제목과 감상을 간단하게 말하면 된다(혹시 몰라 말해두지만 라이트노벨은 얘기하지 않는 것이 좋다. 라이트노벨을 읽는 것은 독서가 아니라고 생각하는 사람도 더러 있기 때문이다). 뉴스의 경우 누구나 알고 있는 문제를 다루는 것도 좋지만, 만약 특별한 인상을 남기고 싶다면 자신이 지망하는 학과 혹은 취미와 관련이 있는 뉴스처럼, 자신만의 색깔을 나타낼 수 있는 내용을 이야기할 수 있으면 좋다.

Q. 우리 학교 외에 지원한 학교가 있는지? 양쪽 모두 합격한 경우, 어디에 갈 것인지?

 - 이 질문에 어떻게 답변해야할지 모르겠다는 사람이 종종 있는데, 의외로 답변하기 쉬운 질문이다. 자신이 지망한 학교를 솔직하게 이야기한 후, '해당 학교에 지원하긴 하였으나, 귀교가 저의 1지망입니다.' 라고 붙이면 된다.

Q. (휴학이나 이력 상의 공백이 있는 경우) 해당 기간 동안 어떻게 지냈는지?

 - 대학이나 고등학교 재학 중에 휴학을 했거나, 이력 상의 공백이 있는 경우에는 이런 질문을 받을 가능성이 높다. 아무것도 안 하고 있었다는 답변은 하지 않는 것이 좋고, 실제로 아무것도 하지 않았다는 것은 자신만의 생각이다. 이 기간에는 일본으로 유학을 가기 위한 준비를 하고 있었을 수도 있고, 남성의 경우 군대를 다녀온 것도 포함될 수 있

다. 그 외에도 몸이 좋지 않아 치료를 받고 있었거나, 원래는 어떤 활동을 하고 있었지만 자신의 적성에 맞지 않다고 생각해서 스스로 생각할 시간을 가졌다, 심신의 한계를 느껴서 휴식을 취하고 있었다 등, 누구나 공백기간에 활동은 반드시 하고 있다. 중요한 것은 이런 질문을 받는다고 면접에서 자신감을 잃지 않는 것이다. 범죄를 저지른 게 아니라면 당당하게 대답하자.

Q. 마지막으로 질문사항이 있는지?

- 면접이 끝나면 반드시 해당 질문으로 마무리된다. 딱히 질문이 없다면 '괜찮습니다. 감사합니다' 정도로 마무리해도 좋지만, 학업에 열정이 있다는 인상을 남기기 위해서 질문한다는 선택지도 있다. 다만 질문할 때 주의사항은 상대방이 답변하기 쉬운 질문을 해야한다는 것이다. 면접을 담당하는 교수도 사람이기 때문에 모든 것을 알고 있는 것은 아니다. 자신의 열정을 드러내기 위해서 너무 깊은 질문을 한다고 하더라도, 상대방이 답변하지 못한다면 서로 민망한 상황이 연출될 수 있다. 무난한 질문으로는 '교수님이 생각하시기에 대학에 들어가기 전에 미리 준비해두면 좋다고 생각하시는 것은 무엇입니까?' 라든지, '교수님께서 입학 전에 읽어두면 좋다고 생각하시는 책을 추천해주실 수 있으십니까?' 정도가 있다. 요점은 면접을 진행하는 교수의 생각을 묻는 질문을 던지는 것이다. 이런 질문은 상대방이 대답을 못하는 경우가 발생할 수 없고, 교수도 자신이 좋아하는 분야에 대해 이야기할 수 있어서 좋은 인상을 남길 수 있다.

사람은 자고로 자신이 하고싶은 이야기를 할 수 있게 해주는 사람에게는 좋은 인상을 가지는 법이다.

(추가) 이과의 경우, 전공지식에 대한 깊은 이해가 따로 필요한지?
- 이과의 경우, 수험생에게 깊은 지식을 바라기보다는, 해당 분야에 관심을 가지게 된 이유나 어느 정도의 열정을 가지고 있는지 알고 싶은 경우가 많다. 위에서 나에게 이과 관련 과목의 정보를 제공해준 학생의 경우 '고등학생 때 했던 실험 중에 기억에 남는 것이 있는가?'라는 질문을 받은 적이 있다고 한다. 자신이 열정을 가지는 분야가 있다면 쉽게 대답할 수 있는 문제이고, 만약 기억나는 실험이 관심 분야와 관련이 없다고 하더라도, 특별히 기억에 남는 이유가 있을테니 그 부분을 자신이 좋아하는 분야에 응용할 수 있다고 생각했다는 식으로 접근하는 것도 하나의 방법이다.

학과는 정했는데 세부적인 분야를 정하지 못했다는 사람을 위해 팁을 한 가지 소개하자면, 학교 홈페이지에 교수의 이름과 얼굴, 연구 분야가 다 나온다. 암기력에 자신이 있다면 해당 정보를 암기해서, 자신의 면접을 담당하는 교수들에게 '저는 여러 분야에 관심을 가지고 있고, ㅇㅇ교수님께서 연구하시는 ㅇㅇ분야도, ㅁㅁ교수님께서 연구하시는 ㅁㅁ분야도 관심이 있습니다. 대학에서 여러 수업을 들으며 제가 깊게 배우고자 하는 분야를 찾고 싶습니다' 라고 답변하는 방법도 있다. 이런 답변은 '왜 우리 학교를 지망했는지?'라는 질문에 대한 답변으로 활용할 수도 있다.

나만의 예상질문과 답안 키워드 메모★

Part2. 소논문

소논문이란, 제한 시간 내에 특정 주제에 대한 자신의 생각을 적거나, 지문을 읽은 후에 해당 내용을 요약하고 자신의 생각을 적는 시험을 말한다. 글자수는 특정 주제의 경우, 일반적으로 400~800자 정도를 보통 적고, 지문을 읽는 경우에는 요약이 400자, 의견 서술이 400자 정도인 것 같다.

소논문을 잘 쓰기 위해서는 두 가지 능력을 갖출 필요가 있는데, 하나는 자신의 의견을 가지는 것, 또 하나는 글을 짜임새 있고 빠르게 쓰는 것이다. 전자는 어느 정도 교양을 갖추거나 깊은 사고가 가능해야하기 때문에 단기간에 갖추는 것은 어렵다. 평소 독서나 대화 및 토론 등을 통해서 이 능력을 키울 수 있다.

다만 글을 짜임새 있게 쓰는 것은 쉽게 익힐 수 있다. 소논문에서 요구하는 글은 일반적으로 기승전결이나 서론/본론/결론과 같은 양식이 존재하고, 해당 양식에 맞춰 쓰면 된다. 만약 단기간에 시험을 준비해야 한다면 후자에 집중하는 것이 좋다. 전자의 능력은 인생을 통해서 성장하는 자신의 생각 그 자체라고도 할 수 있기 때문에 이 책에서 다루기에는 방대한 주제이다. 따라서 여기서는 글을 짜임새 있게 쓰는 것과 빠르게 글쓰기에 대하여 중점적으로 다루도록 하겠다. 소논문을 준비하기 위한 훈련은 두 가지가 있는데, 하나는 요약하기이고, 또 하나는 서술하기이다.

우선 요약하기를 훈련하는 방법부터 알아보자. 요약을 잘하기 위해서는 글의 필요 없는 부분과 필요한 부분을 구분할 필요가 있다. 해당 내용을 쉽게 구분하는 방법은 수식부분을 구분하는 것이다. 형용사나 부사는 일반적으로 수식어이기 때문에 요약에 포함할 필요가 없다. 그리고 예시를 들거나 자세한 내용을 설명하는 문장은 핵심 내용이 아니다. 이렇게 수식어를 없애기만 해도 핵심내용이 보인다. 그렇게 줄이고 줄여서 20~30자 정도로 잘라내면 그것이 요약이다. 요약은 몇 번만 연습한다면 비교적 쉽게 익힐 수 있는 능력이므로, 뉴스나 EJU 지문 등으로 요약을 연습해보기 바란다.

다음으로 서술하기에 대해 알아보자. 서술하기의 양식은 기승전결 혹은 서론/본론/결론으로 나눌 수 있다고 했다. 기승전결 양식으로 작성할 경우, 일반적인 흐름은 기 : 자신의 의견을 표출(전체 중에서 10~20% 정도의 비율), 승 : 해당 의견을 주장하는 이유(전체 중에서 25~40% 정도의 비율), 전 : 자신의 주장을 뒷받침하는 근거 제시(전체 중에서 25~40% 정도의 비율), 결 : 마무리(전체 중에서 10~20% 정도의 비율)라고 할 수 있다. 서론/본론/결론으로 작성할 경우는 기승전결 양식의 승과 전을 본론으로 합치면 된다. 그리고 소논문의 작성 분량은 문제에서 제시한 글자수에서 10%정도가 오차범위라고 생각하면 된다. 즉 800자를 요구하면 720자에서 880자 사이의 글을 작성하면 되는 것이다.

간단하게 예를 들어보자. 예를 들어 소논문의 주제가 '원격근무에 대한 자신의 의견을 800자 정도로 서술하시오' 라고 한다면,

기 : (주장)나는 원격근무에 대해 반대하는 입장이다. 많은 사람들이 코로나 사태를 겪으면서 원격근무의 이점을 이야

기하지만, 실제로 사무실에 출근해서 일을 하는 것으로 얻는 이점 또한 분명히 존재한다고 생각한다.

승 : (이유)예를 들어 사무실에 출근하여 일을 한다면, 주변 환경에 신경쓰지 않고 업무에 집중하는 것이 가능하다. 집에 애완동물이나 어린 자녀가 있는 경우, 자택근무를 하게 된다면 일에만 집중하는 것은 쉬운 일이 아니다. 또한 재택근무가 어려운 상황에 놓여있는 사람이 있을 수도 있다. 그런 사람은 원격근무를 위해 근무 장소를 별도로 찾아야 하며, 장소를 대여하기 위한 비용을 별도로 지출해야한다. 또한 그런 환경은 공공장소일 가능성이 높기 때문에 업무 상의 보안이 취약해질 수 있다는 단점이 있다.

전 : (근거)실제로 코로나 시국에 아버지가 집에서 원격근무를 하셨지만, 사무실에서 근무할 때에 비해 집중이 잘 되지 않는다고 하셨다. 이유를 여쭤보니, 집에는 TV나 침대와 같은 유혹이 너무 많고, 감시하는 사람이 없으며, 한참 시간이 걸려 집중이 되더라도 집안일을 도와달라는 부름 때문에 다시 집중이 깨지는 일이 있기 때문에 업무에 대한 의욕이 떨어진다고 했다. 그래서 업무에 집중할 수 있는 환경을 찾아 공유오피스를 계약했지만, 일을 하기 위해서 비용을 지불해야 한다는 사실에 의문이 든다고 한다. 결국 아버지가 근무하는 회사에서는 코로나 시국이 잠잠해지자마자 사무실에 출근하는 방식으로 돌아왔다.

결 : (결론)이러한 점을 고려해보았을 때, 원격근무가 좋기만 한 것은 아니라고 생각한다. 물론 원격근무는 교통체증을 해소하고 출퇴근시간을 절약할 수 있게 해주지만, 중요

한 것은 시간 그 자체를 아끼는 것이 아니라, 생산적인 환경을 만드는 것이라고 생각한다.

위의 내용은 내가 예시로 작성한 소논문이다. 글자수는 총 841자로 오차범위 안에 있으며, 기승전결에 따르고 있고, 비율도 적당히 분배하였다.
문제를 봤을 때 이런 식으로 작성할 수 있게 되면, 소논문에서는 크게 걱정할 필요가 없을 것이다. 만약 소논문이 걱정이라는 사람은, 우선 소논문을 작성해보고 피드백을 받아서, 피드백 내용을 반영하여 다시 소논문을 작성하는 것을 반복하다 보면 실력이 빠르게 발전할 수 있을 것이다.

이번에는 글을 빠르게 쓰는 방법에 대해서 소개하겠다. 소논문에는 제한시간이 존재하기 때문에 글을 빠르게 쓰는 것이 중요하다. 시간을 의식하지 않으면 계속 생각만 하다가 서술하고 있는 도중에 시험시간이 끝나거나, 의식의 흐름대로 글을 적는다가 글이 삼천포로 빠져서 망하는 경우가 더러 있다.

글을 빠르게 쓸 수 있는 방법으로는, 빈 종이에 기승전결 혹은 서론/본론/결론으로 칸을 나눈 후, 어느 영역에 어떤 내용을 적을 것인지 키워드를 적어 넣을 것을 추천하고 싶다. 이렇게 하면 글을 쓰기 전에 전체적인 맥락을 쉽게 파악할 수 있고, 글의 흐름을 일정하게 유지할 수 있기 때문이다. 또한 서술을 하면서 키워드에 살만 붙이고 문장으로 만들면 되기 때문에 글을 막힘없이 쓸 수 있게 된다. 글을 빠르게 쓰는 것이든, 짜임새 있게 쓰는 것이든, 중요한 것은 '연습'이니 많이 써볼수록 좋은 것은 확실하다.

Part3. 학력시험에 대한 조언

학력시험은 학교마다, 그리고 학부마다 치르는 곳과 그렇지 않은 곳이 다 다르기 때문에 일일히 열거하기 힘든 것이 사실이다. 내 개인적인 의견으로는 학력시험이 없는 곳이 더 많으나, 최상위권 학교이거나 간판 학부일수록 학력시험을 따로 보는 경향이 있는 것 같다.

학력시험을 치르는 의도는, 유학생에게 EJU시험에서 평가할 수 있는 것 이상의 학력, 즉 일본인 학생들과 비슷한 수준의 학력을 요구하기 때문이라고 생각한다. 이는 학교 측에서 어느 정도의 바탕이 있어야 수업을 따라갈 수 있다고 판단했기 때문이라고 추측할 수 있다. 한 마디로 말하면 유학생이라고 해서 봐주지 않겠다는 말이다.

다만 여기에 해당하지 않는 경우가 있는데, 바로 영어 학력시험이다. 영어 학력시험의 경우는 TOEIC 시험을 치르는 것보다 쉽다는 의견이 있고, 나도 이에 동의한다. 실제로 나의 경우, 상위권 국공립대학의 영어 학력고사를 치뤘지만 체감상 TOEIC시험보다 쉬웠던 것으로 기억한다.

특정 학교의 학력고사를 전담하는 학원 수업은 없기 때문에, 학력고사를 준비하는 방법은 사실 많지 않다. 다만, 참고자료를 나열하는 것은 가능하기 때문에, 학력고사를 치뤄야하는 사람에게 참고가 되었으면 한다.

먼저 학교에 따라서 홈페이지에 사비외국인유학생을 대상으로 실시한 학력고사의 기출문제를 공개하는 경우가 있다. 우편이나 창구에서 직접 받는 경우도 있긴 한데, 이 또한 학교 홈페이지에 방법이 자세하게 나와있으니 확인하기 바란다.

만약 학교에서 전혀 정보를 공개하지 않는다면, 일본인 학생들의 입시자료를 참고하는 수밖에 없다. 일본에서는 일본 입시생도 대학마다 본고사를 치루기 때문에, 본고사 기출문제가 학교마다 매년 출간되고 있다. 이 기출문제를 모아놓은 책을 '아카홍(赤本)'이라고 하는데, 이 책을 참고하면 된다. 해당 책은 일본Amazon 등에서 쉽게 구할 수 있다.

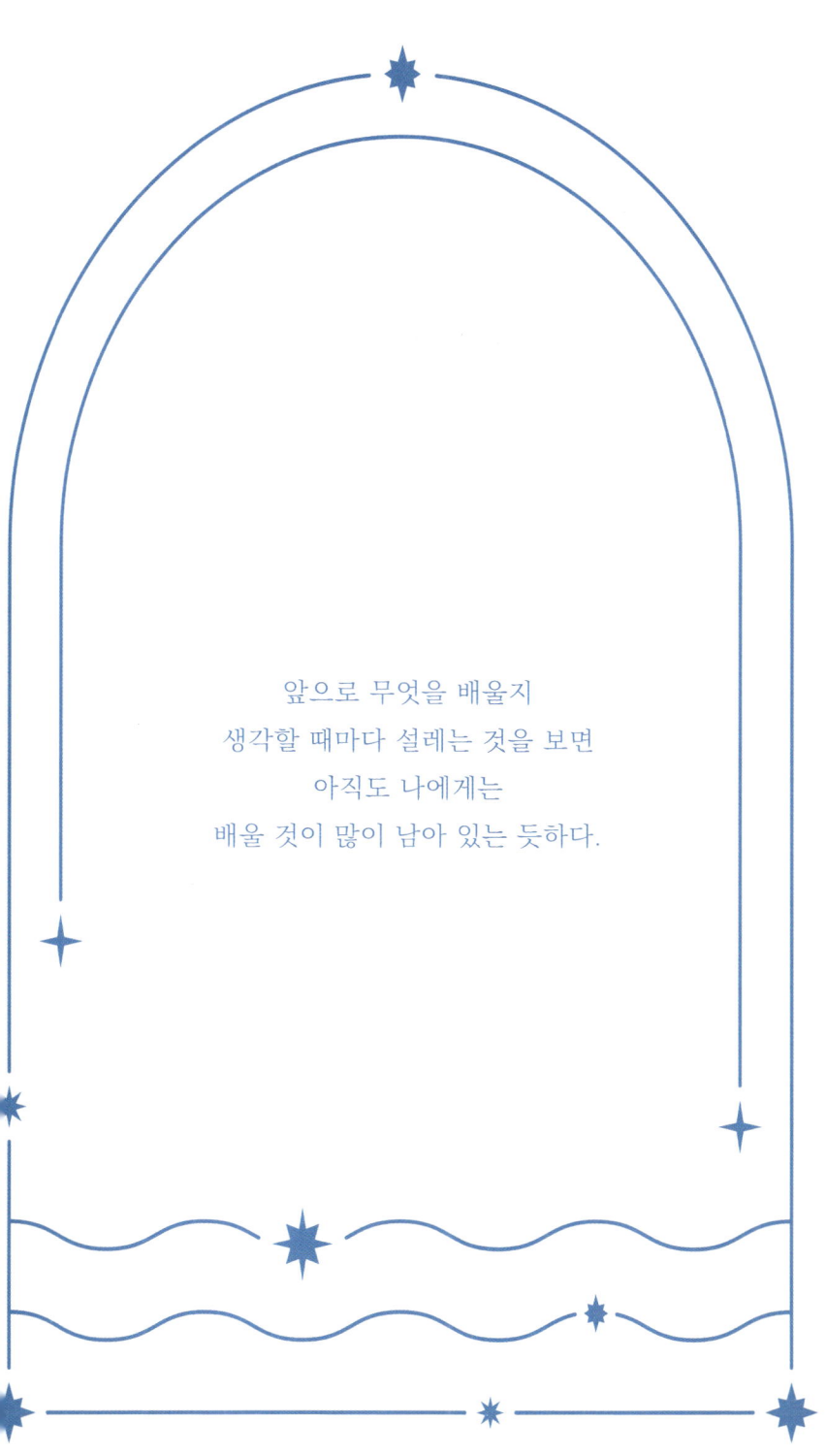

앞으로 무엇을 배울지
생각할 때마다 설레는 것을 보면
아직도 나에게는
배울 것이 많이 남아 있는 듯하다.

3장
학업의 전문성 발달

3장에서는 내가 공부한 '경영학'이라는 학문에 대해 이야기를 나누고 싶다. 참고로 경영학의 사전적인 의미나 분류 같은 것은 여기서 다루지 않겠다. 그건 인터넷에 검색하면 바로 나오기 때문에 굳이 여기서 언급할 필요가 없다. 내가 나누고자 하는 것은 '내가 생각하는 경영학이란 무엇인가'이다. 많은 사람들이 경영학을 기업이 돈을 더 잘 버는 방법에 대해 연구하거나, 기업의 문제를 해결하기 위한 학문이라고 생각한다. 하지만 나는 경영학이란 사람에 대해 이해하는 실용학문이라고 생각한다. 내가 그렇게 생각하게 된 이유를 이제부터 설명하겠다.

1막 전공을 선택한 이유

1장의 이야기를 기억하는 사람들은, 어쩌면 내가 원치 않는데도 상경계열 학부에 입학했다고 생각할 지도 모르겠다. 그러나 놀랍게도 나는 상경계열 학부를 원해서 입학했다. 하지만 앞서 1장에서 말한 것처럼 나는 종교학이나 신학을 대학에서 배우길 원했고, 지금도 기회만 있다면 그렇게 하고싶다. 하지만 종교나 신앙에 대해서 생각할 때마다, 많은 사람들이 종교에서 가르치는 교리와 우리가 사는 현실세계를 구분하고 있다는 생각이 들었다.

성경에는 '돈을 사랑함이 일만 악의 뿌리가 되나니'라는 구절이 있다. 불교에서도 재물 등에 대한 집착이 고통의 원인이라고 보고 있다. 만약 경영학이 돈을 벌기 위한 학문이라면 종교적인 관점에서는 속물이 되는 방법을 가르치는 불경한 학문이라고 할 수 있다. 그러나 여기에는 두 가지 오해가 있다.

첫 번째 오해는, 돈을 좋아하는 것은 불경한 것이 아니라는 것이다. 현실의 우리를 한 번 보자. 우리는 돈을 위해 시간을 쓰고, 공부하고, 힘든 일도 꾹 참고, 심지어 돈을 더 많이 벌기 위한 노력까지 한다. 우리는 돈이 필요하다. 내가 할머니에게서 벗어나서 따로 살기 위해서도 돈이 필요하고, 대학에서 원하는 공부를 하기 위해서도 돈이 필요하다. 따뜻한 집에서 안전하게 지내기 위해서도 돈이 필요하고, 당장 오늘 먹을 것을 구하기 위해서도 돈이 필요하다. 누구나 살기 위해서는 돈이 필요하다. 그렇다면 우리는 모두 속물이고 불경한 존재인가? 내 대답은 그렇지 않다는 것이다. 돈도, 돈벌이도 불경한 것이 아니다. 거기에 집착하는 인간의 마음이 불경한 것이다.

두 번째 오해는, 경영학은 돈벌이를 가르치는 학문이 아니라는 것이다. 나는 경영학이란 '사람'에 대해서 가르치는 학문이라고 생각한다. 경영학의 이러한 성질은 자연과학계열의 학문과 비교하면 더욱 선명해진다. 자연과학계열의 학문은 자연, 즉 물질계에 존재하는 것을 대상으로 하는 학문이다. 따라서 상황이나 사람에 따라 도출되는 결과가 달라지지도 않고 절대적인 진리가 존재한다. 이는 경영학과 명확하게 다른 점이다.

그렇다면 비교적 가깝게 분류되는 사회과학계열의 다른 학문과 비교했을 때는 무엇이 다를까? 내 생각에는 경영학은 철저하게 인간이 가진 문제해결에 초점을 맞췄다고 생각한다. 모든 인간은 살아가면서 문제들을 마주한다. 어떤 문제는 스스로 해결하거나, 주변 사람의 도움으로 해결할 수 있다. 하지만 때로는 자신이 가진 어떤 자원으로도 해결할 수 없는 문제를 마주하게 된다. 많은 사람들이 이러한 문제로 고통받게 되면 해당 문제는 조직적으로 나서서 다루게 되고, 그 결과 조직은 해결방법을 내놓는다. 그 방법은 제품일 수도, 서비스일수도, 제도일 수도 있다. 이렇게 조직은 해결방법을 제공하는 대신 사람들로부터 대가를 받는 것이 우리가 살고 있는 사회의 구조라고 생각한다.

경영학이 기업에 관한 학문이라는 인식이 생긴 이유는, 사람들의 문제를 해결하기 위한 해결방안을 가장 적극적으로 내놓는 곳이 기업이라서 그런 것이 아닐까 싶다. 왜냐하면 기업은 사람의 문제를 해결하지 못한다면 소멸하는 존재이기 때문이다.

하지만 경영학은 사실 기업이 아니라 문제를 해결하는 조직이라면 어디든 적용할 수 있다. 동사무소, 정부, NPO, 심지어 국가처럼 돈벌이를 목적으로 하지 않는 곳이라고 해도 경영학을 적용할 수 있다. 정리하자면, 경영학이란 인간이 마주한 문제를 조직이 효율적으로 해결하는 방법을 가르쳐주는 학문이라고 할 수 있다. 그리고 이를 위해서는 인간에 대한 이해가 바탕이 되어야 한다.

성경에는 '뱀같이 지혜롭고 비둘기 같이 순결하라'는 구절이 있다. 종교학이 사람에게 비둘기처럼 순결해지는 방법을 가르쳐주는 학문이라면, 경영학은 뱀처럼 지혜로워지는 방법을 가르쳐주는 학문이라고 할 수 있다. 즉 종교학과 경영학은 동전의 앞면과 뒷면처럼 정반대로 보이지만 사실은 하나인 것이다. 따라서 나는 경영학을 배우고 사람들의 현실적인 삶을 알아야 종교에서 다루는 교리의 진짜 뜻을 이해할 수 있고, 이를 실천할 수 있는 현실적인 방법도 깨달을 수 있다고 생각했다. 그래서 경영학으로 진학하라는 할머니의 제안을 받아들이기로 한 것이다.

경영학을 배우고자 했던 또 한 가지 이유가 있다. 취업하기 전까지만 해도 나에게 있어서 정치란 높으신 분들의 밥그릇 싸움이라고 생각했는데, 공무원으로 일하면서 정치의 본질적인 부분에 관심을 가지게 된 것이 계기가 되었다.

정치란 본질적으로는 정의를 실천하고, 국민들이 편안한 삶을 살 수 있도록 관리하는 것이라고 나는 생각한다. 정의를 실천하는 것은 법의 영역이지만, 국민들이 편안한 삶을 살 수 있도록 하는 것은 경영학의 영역이다. 실제로 사람들이 편안한 삶을 살 수 있도록 경기를 부흥시키려 하고, 국민들도 잘 먹고 잘 살게 해주는 정치인을 좋은 정치인이라 생각하지 않는가.

이렇게 정치와 밀접한 곳에서 일하다 보니 자연스레 정치의 본질에 대해 생각하게 되고, 이윽고 정치를 실제로 움직이게 하는 것은 명분보다 실리라는 것을 깨닫게 되었다. 종교적인 교리도, 정치적인 명분도, 결국은 현실적인 실리가 동반되지 않는다면 공허한 메아리일 뿐인 것이다.

2막 실제로 배우고 느낀 점

대학에서 경영학을 배우고 느낀 점은, 대학에서 배운 것만을 가지고는 전문성을 갖출 수 없다는 것이다. 내가 대학에 온 이유 중 하나는 전문성을 갖춘 인력이 되어 자신의 분야에서 활약하고 싶기 때문이었는데, 학부에서 가르치는 경영학은 간단한 이론과 더불어 사례연구를 조금 하는 것이 전부였다. 물론 시간 상의 문제로 이게 최선이긴 하지만, 전문인력이 되기에는 부족하다고 느껴지는 것이 현실이었다. 학부를 졸업하고 깨달은 것은, 나에게는 더 많은 사례연구가 필요하다는 것이다. 이를 위해서는 대학에서 가르치는 내용에만 의지해서는 안 되고, 스스로 많은 케이스 스터디를 해서 머리 속에 예시를 비축해야 한다는 것을 깨달았다. 대학에서는 공부하는 '방법'만 가르쳐준 것이었다.

사례연구의 중요성을 깨달은 나는 기업에 대한 조사와 분석을 시작했는데, 그러다 보니 재무제표를 읽을 수 있는 능력인 회계에 관심을 가지게 되었다. 어느 회사든 회계를 안 쓰는 회사가 없었고, 나에겐 그것이 통일된 양식의 캐릭터 상태창처럼 보였기 때문이다. 즉 재무제표를 해석할 수 있는 능력을 갖추게 되면 회사의 상태를 정확하게 파악할 수 있게 되는 것이다. 그러면 기업이 가진 능력과 가능성을 파악할 수 있게 되고, 기업이 내리는 여러가지 판단의 진짜 이유를 이해할 수 있게 된다. 그뿐만 아니라 회계는 자격증이 존재할 정도로 전문성이 있는 스킬이기 때문에, 이를 익힌다면 충분히 전문성을 갖출 수 있다. 그래서 대학의 졸업이 다가오게 될 무렵 나는 회계를 배우기로 했다.

아버지에게 진로를 상담하자, 아버지도 나에게 금융지식의 중요성을 강조하며 회계를 배우는 것에 대해 찬성하였다. 아버지는 오히려 나에게 취득하지 못 해도 괜찮으니, 회계사 자격증을 한 번 공부해보는 것이 어떻냐고 제안해주었다. 공부하는 것 만으로도 배우는 것이 있다면서 말이다. 그래서 나는 대학교 생활협동조합에 찾아가 회계사 강좌를 신청했다. 강좌는 2년 동안 배울 수 있는 대신 800만원 정도의 비용이 들었는데, 이곳에서 신청하면 5%할인해주기 때문에 40만원이나 아낄 수 있었다.

결론부터 말하면 아직도 회계사는 취득하지 못했다. 하지만 회계사는 어떤 지식을 갖춘 사람들인지 이해할 수 있게 되었다. 회계사 시험을 공부하기 전까지, 변호사가 되기 위해서는 각종 법에 대해 배우는 것처럼 회계사도 여러 회계원칙을 알고 있는 사람이라는 인식이었는데, 실제로는 생각보다 다양한 분야를 공부해야 했다. 예를 들어 회계원칙은 물론이지만 감사론이라고 해서 기업의 재무제표가 올바르게 작성되었는지 확인하는 방법, 회사법처럼 기업과 관련된 각종 법률 등도 배워야 한다.

이처럼 회계에 여러 분야가 있다는 사실을 알게 된 나는 이 분야에 더욱 관심을 가지게 되었고, 대학원에 진학하여 회계를 전공하기로 결심했다. 대학원을 졸업하고 이 책을 쓰고 있는 지금도 아직 회계의 전문성을 완벽히 갖추지는 못했지만, 대학원 과정을 통해 나의 지식이 조금씩 넓어지면서도 서서히 깊어져 가는 것을 느꼈다. 앞으로 무엇을 배울지 생각할 때마다 설레는 것을 보면 아직도 나에게는 배울 것이 많이 남아 있는 듯하다.

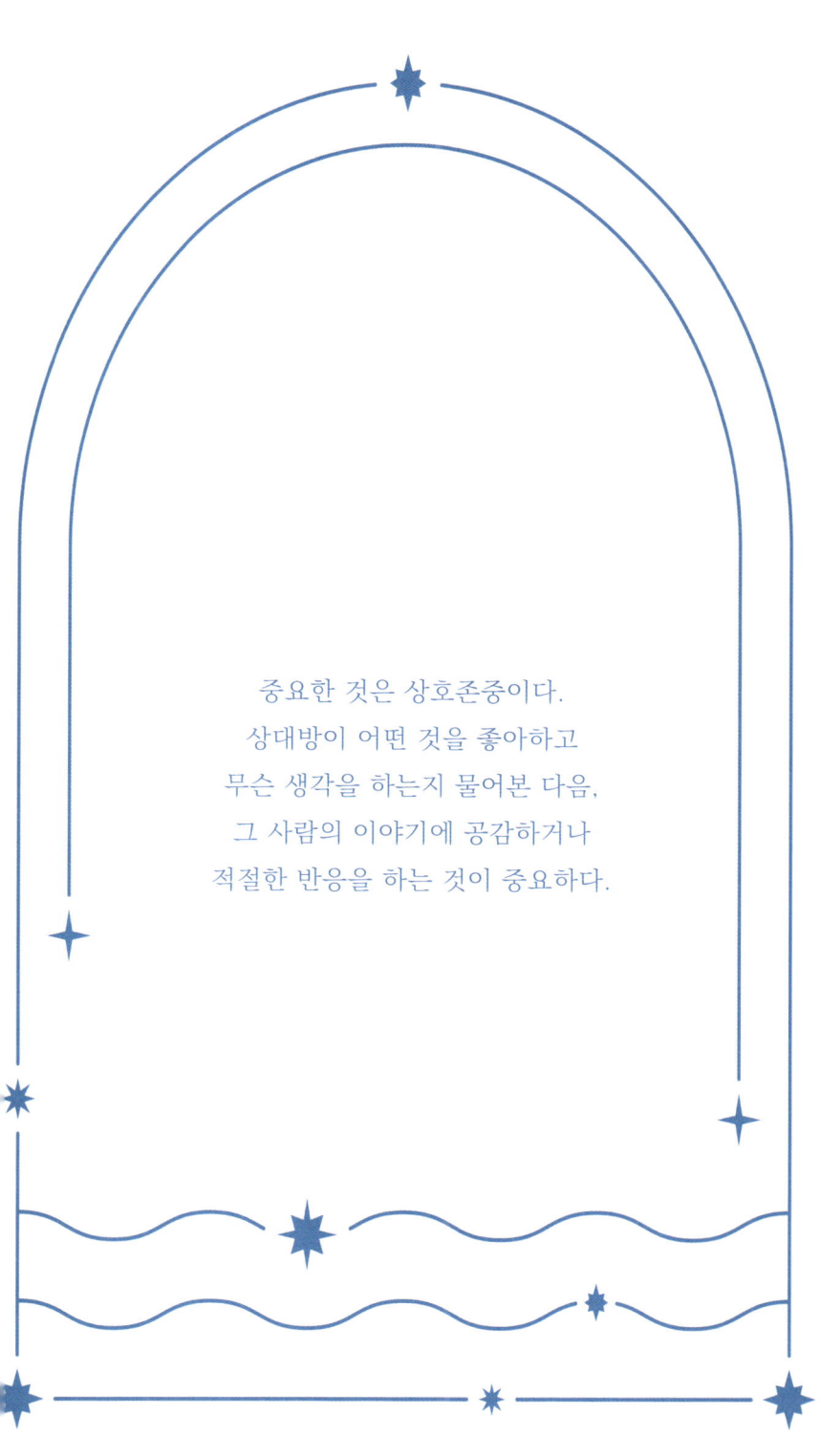

중요한 것은 상호존중이다.
상대방이 어떤 것을 좋아하고
무슨 생각을 하는지 물어본 다음,
그 사람의 이야기에 공감하거나
적절한 반응을 하는 것이 중요하다.

4장

문화적 충격과 적응

해외에서 지내는 사람들은 현지인과의 문화적 인식의 차이로 혼란을 겪는 경우가 많다. 그건 일본에서 어린 시절을 보냈던 나도 예외가 아니었다. 내가 가장 문화충격을 느낀 것은 일본과 한국의 심리적 거리감이 전혀 다르다는 것이었다. 그래서 학부 1학년 때 친구들과 가까워지는 것이 쉽지 않았다. 가끔은 그 때 친구들에게 보였던 모습을 떠올릴 때마다 부끄러울 때가 있다. 그럼에도 불구하고 여전히 나와 함께 어울려주는 친구들에게는 늘 고마울 따름이다. 이제 내가 겪은 시행착오에 대해서 자세하게 이야기하고자 한다.

1막 친구를 사귀기 위해 필요한 능력

학부 4년, 석사 2년 동안 일본에서 유학하면서 느낀 것이지만, 일본에서 친구를 사귄다는 것은 쉬운 것이 아니다. 친구를 사귀기 위해서는 2가지 능력이 필요한데, 바로 일본어능력과 적극성이다.

하나씩 살펴보자면, 우선 일본어 능력에 대해서는 원어민처럼 잘 할 필요가 있다는 것이 아니라, 당신의 언어와 문화를 받아들이고 존중할 자세를 갖추고 있다는 것을 보여주는 것이 중요하다. 외국인이 일본에서 종종 저지르는 실수가, 일본 사람들이 친절해서 자신에게 다 맞춰준다고 착각하는 것이다. 일본 사람들의 친절은 봉사정신이 아니라 상호존중에서 비롯되는 것이다. 당신이 그들을 존중하지 않는다면, 그들도 당신을 더 이상 존중하지 않을 것이다.

다음으로 적극성에 대해서는, 처음에는 주변 학생들과 거리감이 느껴져서 어울리기를 포기하는 경우가 있는데, 이를 포기하지 않는 것이 적극성이라고 할 수 있다. 한 가지 명심해야 하는 것은 일본 학생들의 무리에 들어가기 힘들다고 처음부터 포기해서는 안 된다는 것이다. 사람들이 특별히 당신을 싫어하는 게 아니라면 꾸준히 얼굴을 비추고, 다 같이 밥을 먹는 기회가 있으면 꼭 참석하는 등의 적극성이 필요하다. 자신이 있다면 스스로 그런 모임을 주도해도 좋다. 내 경우를 예를 들자면, 내가 대학교에 입학하자마자 가장 먼저 한 것은 수강신청도, 아르바이트도 아니라, 바로 가입하고 싶은 서클(한국의 동아리 같은 것) 찾기였다. 나는 고등학생 때 반 친구들보다 같은 동아리 친구들과 더 친하게 지냈던 경험이 있기 때문에, 친구를 사귀기 위해서는 무조건 서클에 들어가야 한다고 생각했다. 무엇보다 서클은 특정 개인을 목적으로 만남을 가지는 것이 아니라, 다 같이 공통된 주제를 가지고 모이는 것이기 때문에 사람과 만나는 명분이 확실해서 일본 학생들도 부담을 느끼지 않는다. 다만 서클에 따라서는 다 같이 모여서 즐기는 것이 목적이 아니라, 대회에 나가서 우수한 성적을 거두는 것을 목표로 하는 곳이 있는데, 그런 경우에는 성과를 내야하기 때문에 난이도가 높아질 수 있으니 가입하기 전에 미리 확인하는 절차가 필요하다.

2막 주의사항1. 처음부터 너무 적극적으로 다가가지 말 것

위에서 적극성이 필요하다고 말했다고, 무조건 다가가서 말부터 걸면 된다고 생각하는 사람이 있는데 제발 그러지 않았으면 좋겠다. 일본 사람들은 생각보다 경계심이 강하고 상식을 중요하게 여기는 사람이 많다. 당신이 적극적으로 상대방에게 다가가서 운 좋게 같이 밥 먹는데 성공했다고 하더라도, 식사자리에서 상대방을 불편하게 만든다면 다시는 그 사람과 어울리지 못할 것이다.

다시 강조하지만 중요한 것은 상호존중이다. 대화는 혼자서 하는 것이 아니라 두 명 이상의 사람이 하는 것임을 명심하기 바란다. 당신만 떠들고 만족한다면 상대방은 그만큼 인내심을 가지고 당신의 이야기를 들어줬다는 것이다. 자신이 좋아하는 것에 대해 이야기하는 것도 좋지만, 상대방이 어떤 것을 좋아하고 무슨 생각을 하는지 물어본 다음, 그 사람의 이야기에 공감하거나 적절한 반응을 하는 것이 중요하다.

추가로 조심해야 하는 점을 더 얘기하자면, 첫 번째, 초면부터 반박은 하지 않는 것이 좋다. 사람에 따라서는 해당 의견이 아니라 자기 자신에 대한 비판이라고 여길 수도 있다. 두 번째, 억지로 공감하는 척은 금방 티가 나니 하지 않는 것이 좋다. 과도한 공감은 오히려 불쾌함을 유발할 수 있다. 사실 인간관계의 기본적인 태도이긴 하지만, 내 체감상 일본 사람들은 이런 부분을 한국사람보다 더 중요하게 생각하는 것 같다.

3막 주의사항2. '깊은' 이야기는 시간을 갖고 친해진 후 할 것

주의사항 2번은, 지금도 내가 떠올릴 때마다 부끄러워하는 일들이다. 내가 대학교 1학년이었을 때, 갓 입학한 나는 마음 속이 알 수 없는 사명감으로 가득 찼었다. 문제는 그 사명감 때문에 오만해져서 다른 사람들을 가르치려고 했다는 것이다. 나는 서클에 들어가서 내가 얼마나 대단한 사람인지 종종 얘기하고는 했다. 주로 내가 어릴 때 얼마나 힘들었고 그걸 어떻게 극복했는지, 얼마나 대단한 직장에 다녔는지, 얼마나 똑똑한지 등에 대해 얘기했다. 친구들은 그 순간에 정말 대단하고 반응해줬지만 더 깊게 파고들지는 않았다. 지금 생각하면 그 때 친구들은 혼자 폭주하는 나를 나무라기는 커녕, 이야기를 끝까지 들어주고 대단하다고 말해주었던 것이다. 오히려 가르침을 받아야 하는 사람은 내 쪽이었다.

자신의 종교나 집안사정, 경제적 상황이나, 신체적 특징처럼 깊은 이야기는 어느 정도 친해지고 나서 말하는 것이 좋다. 어짜피 내 얘기인데 왜 말하면 안 되냐고 생각하는 사람들도 있지만, 상대방이 알고 싶지 않은 정보를 일방적으로 전달하는 것은 흔히 말하는 TMI이다. 내가 만났던 대부분의 일본 사람들은 자신과 친하지도 않은 사람의 깊은 내면과 관련된 사실을 자신이 알아야 한다는 사실만으로도 부담을 느끼는 경우가 많았다. 솔직히 이 부분은 나도 아직 고치지 못했다. 하지만 예전에 비해서 조금씩 나아지고 있다고는 생각한다. 내가 얘기하고 싶다고 상대방의 기분을 생각하지 않는 것 또한 상호존중을 하지 않는 다는 뜻이다. 인간관계의 황금률은 역지사지에 있다는 것을 명심하자.

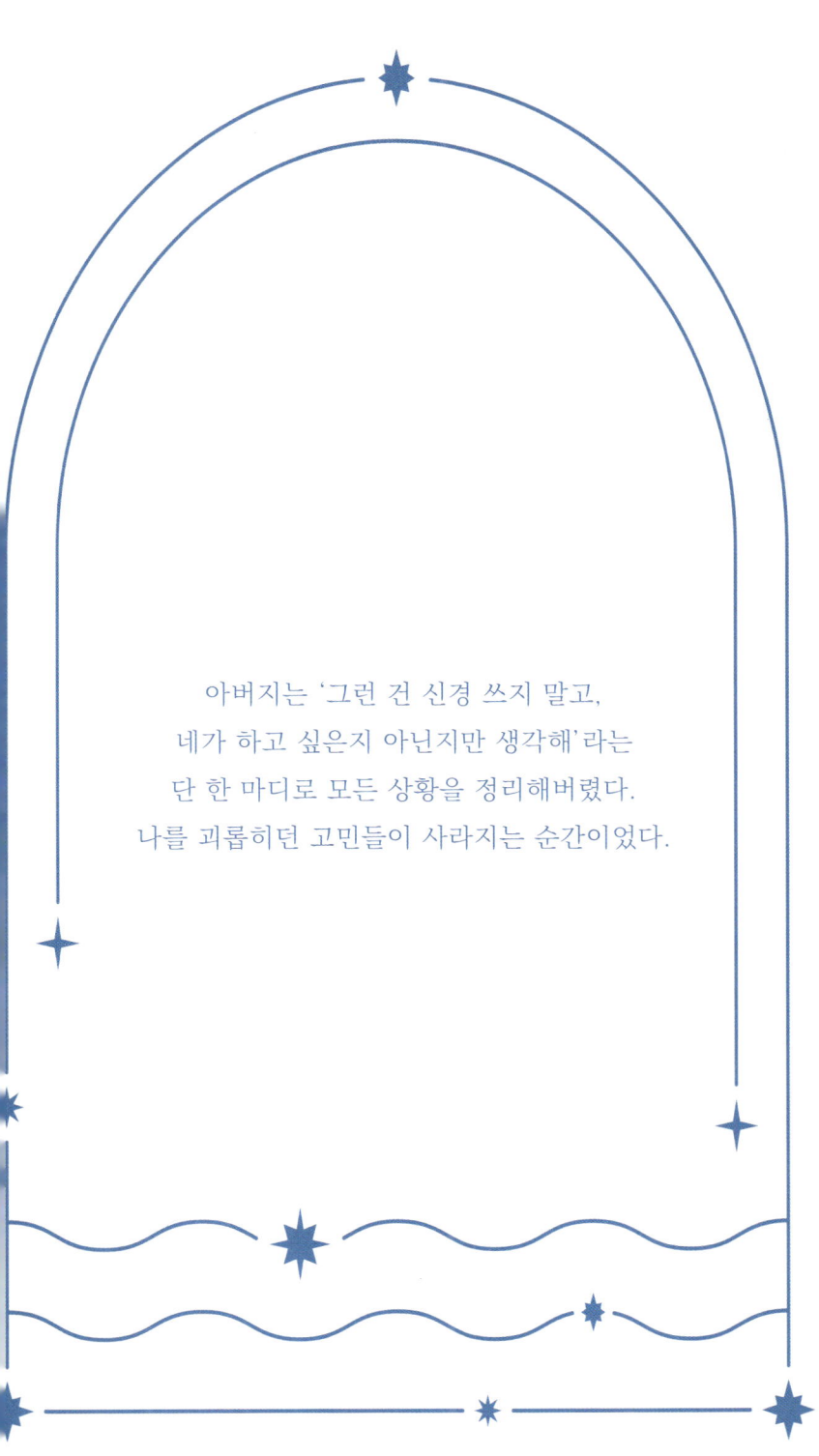

아버지는 '그런 건 신경 쓰지 말고,
네가 하고 싶은지 아닌지만 생각해'라는
단 한 마디로 모든 상황을 정리해버렸다.
나를 괴롭히던 고민들이 사라지는 순간이었다.

5장

위기, 도전 그리고 성장

돌이켜보면, 일본에서 유학했던 6년이라는 시간 중에서 대부분의 시간은 위기라고 할 수 있었다. 재미있는 사실은 학년마다 마주한 위기가 각각 다르다는 것인데, 위기를 하나씩 넘길 때마다 한층 성장할 수 있었고, 그러면 마치 게임에서 더 어려운 스테이지로 넘어가듯 더 어려운 시련이 찾아왔다. 이제부터 내가 각 학년 동안 어떻게 지냈고, 어떤 성장을 했는지 살펴보고자 한다.

1막 대학교 1학년 : 행복한 시기

대학교 1학년은 유학생활 중에서 가장 행복한 시간이었다. 우선 직장을 포기하고 온 것이기 때문에 공부에 대한 의욕이 가장 충만했고, 대학에서 수강하는 모든 수업이 나에게는 신기하고 즐거운 것이었다. 의욕 덕분에 성적도 늘 최상위 등급의 평가를 받았다.

경제적으로도 윤택한 시절이었는데, 작은 아버지에게 지원을 받으면서 지냈기 때문에, 경제적으로도 윤택한 시절이었다. 물론 경제적 지원 중 일부를 할머니는 어떻게든 내게서 가져가긴 했지만, 아무튼 생활하는데 지장은 없었다. 또한 EJU에서 상위권 성적을 받았기 때문에, 1학년 동안에는 일본학생지원기구(JASSO)에서 매월 4만8천엔의 장학금을 받을 수 있었다.

시간도 돈도 있던 나는, 직장을 다니는 동안에는 하지 못했던 일을 해보기로 했다. 직장을 다니던 6년 동안 게임을 아예 못했기 때문에, 오랜만에 게임을 해보고 싶었다. 나는 고등학생 시절에 즐겁게 했던 온라인 게임을 설치하고 그 세계에 흠뻑 빠져들었다. 얼마나 열심히 했는지, 게임 속 친구들은 내가 대학생이라고 말해도 믿어주지 않았다. 그들은 나를 스스로 대학생이라 주장하는 방구석 백수라고 생각하는 듯했다. 하긴 하루에 12~16시간 매일 꾸준히 게임에 접속해서 활동하고 있으면 누구나 의심할만하다.

그러나 나의 즐거운 게임 생활은 1년도 가지 않아 끝을 맞이했다. 어느 날 갑자기 '이렇게 살면 안 되겠다' 라는 생각이 들었고, 나는 무언가에 홀린 듯이 아이템을 전부 판 다음, 친구들과 작별 인사를 나누고 계정을 삭제했다. 그리고 한 달도 되지 않아 작은 아버지에게 연락이 왔다. 회사 사정이 어려우니 더는 지원을 할 수 없다는 것이었다. 당장 이번 달부터 돈을 보내줄 수 없다고 했다.

여태 작은 아버지에게 받은 지원금과 장학금에서 학비와 생활비를 제외하고 남은 돈은 전부 할머니에게 보내고 있었던 나는 당연히 한 푼의 저축도 없었고, 할머니가 자기도 일본에 와서 지낼 것이라며 억지로 구하게 하고는 한 번도 찾아오지 않은 넓은 집의 집세도 감당할 수도 없었다. 발등에 불이 떨어진 나는 최대한 빨리 집세가 저렴한 집을 알아보고, 게임 아이템을 판 돈으로 비용을 충당해서 이사를 갔다. 애당초 물건이 많지도 않았으니 이사는 어렵지 않았다. 내 살림살이는 이사짐센터에서 대여하는 가장 작은 트럭의

절반도 채우지 못하는 수준이었다. 그렇게 나는 방 2개와 마루가 있는 집에서 원룸으로 이사를 가게 되었다. 그렇게 나는 2학년이 되었다.

2막 대학교 2학년 : 경제적 위기

대학교 2학년은 내 인생에서 가장 암울한 시기였다. 이유는 간단했다. 돈이 없었기 때문이다. 작은 아버지의 지원이 끊어진 후, 나의 수입은 신기할 정도로 줄어들었다. 할머니조차 나의 사정을 딱하게 여겼는지, 내가 집에 돈을 보내는 것이 어렵다고 말하자 이를 받아들였다. 가장 큰 지출은 막은 셈이다.

2학년 1학기 시절에는 아르바이트도 전혀 구해지지 않아서, 유일한 수입은 아버지가 자신의 식비와 생활비를 줄이며 내게 매달 보내주는 80만원이 전부였다. 나는 이 80만원으로 집세, 식비, 인터넷비용, 각종 공과금 등 모든 생활비를 감당해야했다. 물론 학비는 어떻게 할지 생각할 겨를도 없었다. 나의 하루 식비와 생활용품, 교통비는 5천원 선에서 전부 해결해야했다. 5천원을 교통비로 다 쓸 수는 없으니, 학교까지 편도 1시간 반 걸리는 거리를 걸어다녔다. 그 해는 기록적인 폭염이었지만 이를 악 물고 학교에 갔다. 내 눈에서 흐르는 것이 땀인지 눈물인지 구분이 안 갈 정도였다. 생활용품은 반드시 필요한 것이 아니면 구매하지 않았고, 5천원은 대부분 식비로 사용했다. 편의점은 쳐다도 볼 수 없었고, 마트에서 할인 스티커가 붙어있거나, 3개 1,200원도 안 하는 빵을 사서 먹었다.

그러나 이런 노력에도 불구하고 생활비는 당연히 부족할 수밖에 없었고, 이는 금방 현실로 다가왔다. 공과금과 집세가 2개월이나 체납된 것이다. 일본은 보통 수도나 가스 같은 인프라가 3개월 체납되면 공급이 중단되고, 집세가 3개월 정도 밀리면 퇴거요청을 받는다.

그 날은 세 번째 체납을 맞이하기 2주 전이었다. 나는 잠에 들기 위해 이불 속에 들어갔지만, 전혀 잠이 오지 않았다. 이불 속에서 온갖 생각이 들었다. 이대로 유학을 포기하고, 할머니에게 다시 돌아갈까하는 생각조차 들었다. 그러나 다시 예전의 노예 같은 삶으로 돌아갈 것을 생각하니 차라리 창문에서 뛰어내리는 것이 낫겠다는 생각이 들었다. 일단 포기하는 건 언제든 할 수 있으니, 우선은 할 수 있는 일에 집중하기로 했다.

기분도 전환할 겸 커튼을 걷어 바깥을 바라보자, 건너편에 있는 고층 아파트가 보였다. '고층 아파트는 돈이 많은 사람들이 사는 곳이니까, 저 건물에 사는 사람들은 나처럼 돈 걱정 같은 건 하지 않겠지'라는 생각이 머리를 스쳐 지나갔다. 하지만 다시 생각해보니, 고통 없이 살아가는 사람은 없다는 진리가 떠올랐다. 건너편에 사는 사람들은 돈 때문에 힘들진 않더라도, 건강이나 가족, 혹은 직장에서 일어나는 문제처럼 나와는 다른 무언가로 힘들어하고 있을지도 모르는 일이었다. 그리고 매 순간 살아가기 위해 고통과 싸우다가 겨우 잠든 것이라고 생각하니, 일면식도 없는 건너편의 사람들이 대견하고 사랑스럽게 느껴졌다.

그리고 지금까지 내 자신이 당연하다고 생각하며 누려왔던 모든 것이 사실은 당연한 것이 아니라는 사실을 깨달았다. 내가 당연하게 끄고 켜는 전등을 움직이게 하는 전기도, 수

도꼭지를 틀면 나오는 온수도, 비바람을 피하게 해주는 집도 전혀 당연한 것이 아니었다. 이건 전부 누군가가 매일 열심히 일한 덕분에 내가 누릴 수 있는 것들이었다. 그러나 나는 이걸 사용할 수 있다는 사실에 감사 한 번 해본 적이 없었다. 나는 늘 수많은 사람들이 지탱하는 발판 위에 서 있었던 것이었고 내 능력으로 높은 경지에 이른 것이 아니었는데, 세상에는 믿을 사람이 아무도 없으니 내 힘으로 뭐든지 할 수 있어야 한다는 강박관념에 시달려 지금까지 착각하고 있었던 것이다. 그 순간 친구들 앞에서 자신의 대단함을 뽐내던 내 모습이 주마등처럼 스쳐 지나갔고, 내 자신이 부끄럽다는 생각이 들었다. 그러다 어느 순간 부끄러움을 씻어낼 정도의 감사가 내 안에 넘쳐흘렀다. 살면서 그렇게 행복한 감정을 느낀 적이 없던 것 같다.

감사를 마음에 품은 채로 다시 바깥을 바라보았다. 건너편 고층 아파트의 불빛 하나 하나가 그곳에 사는 사람들로 보였다. '저기 사는 사람들도, 내가 지금 느끼는 것 같은 감사함과 행복함을 느끼는 날이 있을까? 저 사람들이 행복했으면 좋겠다' 라며 마음 속으로 짧은 기도를 하고 눈을 떠보니 내 눈 앞에는 더 이상 고층 아파트의 불빛이 아닌, 지상의 별하늘이 펼쳐져 있었다. 황홀한 순간이었다.

다음날 용기를 얻은 나는 아르바이트 구인구직 사이트에 접속했다. 직종을 가리지 않고, 당장 일을 시작할 수 있고 월급을 제대로 줄 것 같은 곳이면 지원하기로 마음먹었다. 그래서 나는 집에서 가까운 레스토랑의 주방에서 일하게 되었고, 아버지에게 이 사실을 알렸다. 아버지는 기뻐하며 그 동안 고생 많았다고, 그 동안 체납된 집세와 공과금을 낼 수 있는 돈을 주었다. 나는 이 때 처음으로 아버지에게 감사함과 친밀감을 느꼈고, 이제 더 이상 아버지는 나에게 있어서 도움을 주는 타인이 아니라, 믿고 의지할 수 있는 부모님이 되었다. 그렇게 나의 여름방학이 끝나고, 2학년 2학기가 시작되었다.

2학기는 1학기에 비하면 경제적 형편이 좀 나아졌다. 일본에서 유학생은 학기 중에 최대 주 28시간이라는 노동제한 시간이 있는데, 나는 이 시간을 아슬아슬하게 넘지 않을 정도로 아르바이트를 했기 때문에, 1학기에 비하면 수입이 두 배로 늘어났다. 더 이상 먼 거리를 걸어서 등하교할 필요가 없었고, 식비와 생활비로 쓸 수 있는 돈도 많이 늘었다.

그러나 식당에서 일한다는 것은 육체노동 경험이 전혀 없는 나에게는 생각보다 많이 힘든 일이었다. 특히 여름에 거대한 불판 앞에 서서 하루 종일 고기를 굽는 일은 더위를 많이 타는 나에게는 고문이 따로 없었고, 일이 끝나고 집에 와서 누우면 온 몸이 아팠다.

그렇다. 내 상황은 경제적 궁핍함이 육체적인 고됨으로 바뀐 것일 뿐이었지, 고통의 총량이 줄어든 것이 아니었다. 이 사실을 깨닫는 순간 좌절감이 들었지만, 이제 와서 유학을 포기하고 돌아갈 수는 없었다. 평생 내 적성과 맞지 않는 일을 하며, 적은 월급을 받고 할머니와 같이 살아가느니, 잠깐 힘든 걸 참는 것이 백 배 나았다. 그러나 지금 힘든 것도 사실이므로, 여기서 벗어날 방법을 생각하기로 했다.

나는 우선 지금 나를 힘들게 하는 이유에 대해서 분석해보았다. 당장 떠오르는 것은 고된 노동이었다. 그렇다면 왜 고된 노동을 하는가? 돈을 벌기 위해서였다. 그렇다. 나는 결국 돈 문제에서 아직도 벗어나지 못한 것이었다. 여기까지 깨닫자, 그 이유를 좀 더 분석해보기로 했다. 나는 왜 돈이 없는가? 우리 집에 돈이 없어서? 이건 어제 오늘 일이 아니었다. 그렇다면 1학년과 2학년 시기의 차이는 무엇이 있을까? 하나는 작은 아버지의 지원, 또 하나는 장학금의 존재였다. 첫 번째는 내가 관리할 수 있는 요소가 아니므로, 내가 집중적으로 공략할 대상은 자연스레 장학금이 되었다. 분석을 마친 나는 대학 국제센터에 찾아가서 유학생을 대상으로 하는 장학금을 살펴보았다. 그 중에서 내가 신청할 수 있는 장학금의 이름과 금액을 모조리 적고, 금액 순으로 나열한 다음 인터넷에서 어떤 장학금인지 하나씩 살펴보았다. 수많은 장학금 중에 나의 눈길을 끌던 것은 일본 로터리클럽에서 운영하는 '요네야마기념장학회'에서 지급하는 장학금이었다. 눈길이 간 이유는 두 가지가 있는데, 첫 번째는 장학금의 기간이 2년이고 금액이 10만엔이었기 때문에 이 장학금을 받을 수만 있다면 더 이상 졸업까지 고통받을 일은 없겠다는 생각이 들었기 때문이다. 두 번째는, 내가 고등학생때 '인터랙트'라는, 로터리클럽이 지원하며 청소년을 대상으로 하는 봉사단체에서 활동했기 때문이다. 당시에는 그저 돈 많은 사람들이 가끔 찾아와서 맛있는 거 사준다는 정도의 인식이었는데, 여기서 다시 보니 반가운 마음이 들었다.

나는 당장 로터리클럽의 장학금을 지원하기로 했다. 서류와 면접을 준비하는 과정에서 '여기에 합격하지 못하면 한국으로 돌아가야 한다.' 라며 마음 속에 배수진을 치고 준비했다. 그렇게 서류를 제출하고 면접 당일이 되었다. 너무 긴장되어 한숨도 잘 수 없었지만, 최고의 면접을 볼 수 있었다. 면접이 끝날 무렵에는 면접관 두 분이 '답변이 너무 완벽해서 더는 물어볼 것이 없다.' 라고 말하였고, 시간을 재던 분은 기립박수를 쳐주었다. 그동안 짊어지고 있던 무거운 짐을 벗어 홀가분 해지는 기분이었다. 그렇게 나는 3학년이 되었다.

3막 대학교 3학년 : 정신적 위기

대학교 3학년이 되면 장학금도 잔뜩 받고, 다시 1학년 때처럼 즐겁게 지낼 수 있을 줄 알았다. 그러나 현실은 그렇게 녹록치 않았다. 2학년 때 너무 무리를 했는지, 3학년이 되자마자 번아웃 증후군이 심하게 찾아왔다. 사실 이 때를 생각하면 단순한 번아웃을 넘어서, 인생의 힘들었던 짐을 내려놓은 반동으로 우울증이 찾아왔던 것 같다.

게다가 코로나 시국까지 겹쳐서 학교는 전부 온라인 수업으로 변경되었고, 나는 좁은 원룸에 갇혀 사람도 만날 수 없는 날들이 이어졌다. 덕분에 내 우울증은 가속도가 붙었다. 1학년 때 무엇이든 할 수 있다는 자신감은 잿더미가 되어 바람에 날아가버렸고, 좌절과 무기력함만이 내 앞에 놓여있었다. 내가 선택할 수 있는 것은 잠을 자거나 불안해하는 것뿐이었다. 나중에는 수면장애도 같이 와서 불안해하는 선택지만 남게 되었다. 이 때의 나는 4시간 이상 잠들지 못했고, 강의영상도 2분 이상 이어서 시청할 수 없었다. 글을 읽으려 하면 3줄 이상 읽을 수 없는 지경이 되었다.

이런 상태가 되자 덜컥 겁이 났다. 공부를 하기 위해서 유학을 왔고, 공부 열심히 하라고 장학금을 받는 것인데, 지금의 나는 무능력 그 자체였다. 학생의 본분은 공부인데, 공부할 수 없는 학생이라니 무슨 아이러니인가. 나는 내 상태를 다른 사람들에게 들키는 것이 두려워졌다. 사람들이 나를 경멸하거나 실망할 것 같았기 때문이다. 특히 장학재단 사람들에게 들키는 것은 상상만해도 오금이 저렸다. 장학금을 받을 자격이 없다며 취소되면 어떡하나 싶어 상담할 수도 없었고, 그 사람들을 만날 때마다 애써 태연한 척을 해야 해서 늘 죄책감이 들었다.

이렇게 죄책감과 자괴감, 두려움, 불안함에 늘 시달리는 나는 점점 마음이 망가져가는 것이 느껴졌다. 경제적인 상황이 나아졌는데도 불구하고 유학을 중단할까, 삶을 포기할까 몇 번이나 고민했다. 이 때 나를 지탱해준 사람이 바로 지금의 내 친구들이었다.

나와 친구들은 매일 대화를 나누거나 함께 게임을 하며 지내고는 했다. 비록 서로 멀리 떨어진 곳에 지내기는 하지만, 마음 속에선 누구보다 가깝게 느껴졌다. 아버지나 장학재단 사람들에게는 털어놓지 못한 상황을 친구들에게는 솔직하게 털어놓을 수 있었다. 친구 중 한 명은 내 이야기를 한참 듣더니 병원에 가보라고 하였다. 나는 처음에 이 말을 듣자마자 '내가 성가시게 구니까 상대하기 귀찮아 하는구나' 라고 생각했다. 지금까지 나에게 숱하게 도움을 받아놓고, 내가 고민을 털어놓자 지겨워 하던 사람들의 얼굴이 떠올랐다. 나는 실망감을 감출 수 없었고, 마음 속으로 이 사람도 정리해야겠다고 생각하고 있었다.

그러나 그 뒤에 이어지는 얘기는 나를 놀라게 하기에 충분했다. 그 친구의 어머니도 오랜 기간 동안 우울증을 앓았는데 증상이 나와 매우 비슷하다는 것이었다. 그리고 우울증은 정신력으로 이겨낼 수 있는 것이 아니니, 더 심각해지기 전에 병원에 가서 전문가의 도움을 받아 장기화되는 것을 막아야 한다고 했다. 이 말을 들은 나는 바로 병원을 알아보았고, 의사선생님은 나를 양극성장애, 즉 조울증이라고 판단하였다. 나는 진짜로 정신이 아픈 사람이었던 것이다.

병원의 진단을 받고 돌아오는 내내, 그동안 내가 힘들 때마다 나를 격려해준 친구들에 생각하였다. 지금까지 누군가가 나를 위해주는 말을 하거나, 격려하는 말을 할 때마다, 내심 내 상황에 대해 아무것도 모르면서 말은 쉽게 한다는 생각을 늘 했다. 그러나 현실은 달랐다. 내 주변에 있는 사람들은 진심으로 나를 이해하려 하고, 나에게 가장 필요한 조언을 하기 위해 함께 고민하는 사람들이었다. 난생처음 사람을 진심으로 신뢰해도 괜찮다는 생각이 들었다. 그리고 친구들 덕분에 남은 대학생활을 견뎌내서 반드시 졸업해야겠다는 목표가 생겼다.

목표가 생기자 정신상태가 훨씬 나아졌고, 내가 놓인 상황을 객관적으로 바라볼 수 있는 마음의 여유도 생겼다. 주변을 둘러보니 내 주변에는 아버지, 친구들, 장학재단 사람들, 일본에서 사귄 친구들 등 나를 지지하고 지원해주는 많은 사람들이 있었다. 그 사람들은 늘 내 곁에 있었는데, 내 눈에만 보이지 않았던 것이었다. 그제서야 나는 그 사람들에게 감사한 마음을 가지게 되었다.

우선은 오랫동안 참석하지 않았던 대학교의 서클에 참석하고, 그 동안 있던 일을 솔직하게 털어놓았다. 그러자 친구들은 내 얘기를 듣고 오히려 힘들 때 도움이 되어주지 못해서 미안하다고 했다. 이 말을 듣고 나는 정말 좋은 친구들을 두었구나 싶었다. 그리고 우울증이 심해지면 이런 좋은 친구들도 눈에 들어오지 않게 된다는 사실이 나를 다시금 놀라게 했다.

장학재단의 모임에도 적극적으로 참석하게 되었다. 물론 가끔 우울증이 심해지면 참석을 거절하는 날도 있었지만, 갈수록 모임에 참석해서 사람들과 어울리는 것이 즐겁게 느껴졌다. 무엇보다 장학재단 사람들은 나에게 정말 잘해주었다. 경제적인 지원은 물론이지만, 내가 정신적으로도 고립되지 않도록 늘 신경 써주었다. 같이 여행에 가거나 파티에 참석하면서 사람들과 점점 친해지다 보니, 집 밖에 있는 것에 대해 점점 고통을 덜 느끼게 되었고 성격도 점점 밝아졌다. 재단 사람들과 함께 보낸 크리스마스는 아직도 나의 즐거운 추억 중 하나일 정도로 나는 이 모임을 좋아하게 되었다. 무엇보다 나처럼 보잘것 없는 사람에게 '너는 무엇이든 할 수 있는 사람'이라며 응원해주는 이 사람들을 실망시키고 싶지 않았다. 사람들 앞에서 감사의 마음을 전할 때마다 나는 다시 일본에 온 목적과 1학년 때 게임을 그만둔 이유를 떠올릴 수 있었다. 그렇다. 나는 누군가에게 도움이 되는 사람이 되고 싶었다. 그런데 내 상황이 힘들다 보니 목표에 대한 자신감을 잃어버리고, 결국에는 목표 자체를 잊어버리고 말았다. 나는 내 직업을 통해서 사람들의 문제를 해결해서 행복하게 해주고 싶다는 목표와, 나도 할 수 있다는 희망을 가지게 되었다. 그렇게 나는 4학년이 되었다.

4막 대학교 4학년 : 진로의 위기

삶에 희망과 목표를 가지게 되자, 행운은 생각보다 빨리 찾아왔다. 4학년이 되자 나와 아빠는 그 동안의 묵은 감정을 다 해소하고 원만한 관계를 가지게 된 것이다. 덕분에 나는 세상에서 든든한 조력자이자 조언자를 얻게 되었다. 사이가 좋아진 데에는 이유가 있는데, 그 동안 아빠와 내가 서로를 오해하고 있었다는 사실이 밝혀졌기 때문이다.

나는 그동안 할머니를 통해 아빠의 언행을 전해 들었기 때문에, 아빠는 나에게 관심이 없고 돈을 벌어도 자신의 유흥을 위해서 쓰느라 나에게 생활비를 보내주지 않는 것이라고 쭉 생각했다. 하지만 이것은 사실이 아니었다. 아빠는 그동안 나에게 계속 학비와 생활비를 보내주고 있었다. 할머니가 나에게 선심 쓰듯 내주던 돈은 전부 아빠가 보내주던 돈이었던 것이다.

반면 아빠도 나를 오해하고 있었는데, 나는 아빠가 나를 버렸다고 생각했기 때문에 아무래도 아빠에 대한 좋은 인상을 가질 수 없었다. 그러니 자연스레 아빠를 대하는 태도도 퉁명스러웠는데, 이 또한 할머니가 아빠와 나 사이에서 나의 언행을 전하다 보니, 아빠 입장에서는 자신이 고생하며 생활비를 보내줘도 전혀 고마워하지 않는 딸이라는 인식이 생기고 말았다. 심지어 할머니는 자신이 아버지한테 가지고 있는 불만사항을 내가 말한 것이라며 위장하고 전하고 있었기 때문에, 아빠 눈에는 내가 또 다른 할머니로 보였을 것이다. 이렇게 진실이 밝혀지자 아빠와 나는 그동안 서로 깊은 오해가 있었음을 깨닫게 되었고, 중간에 할머니를 끼고 연락을 주고받아서는 안 된다는 사실을 깨달았다. 그 날부터 나와 아빠는 서로 믿고 의지할 수 있는 유일한 혈연자가 되었고, 나는 20년 만에 진짜 가족을 되찾을 수 있었다.

비록 처음에는 유학기간동안 생긴 문제가 나를 힘들게 한다고 생각했지만, 이렇게 오해가 풀리고 아빠라는 가족을 되찾을 수 있는 기쁨도 주었다. 아빠와의 관계가 회복된 것을 생각하면 새옹지마라는 말을 몇 번이나 체감하게 된다.

4학년이 되자 심리치료도 순조롭게 진행되어 상태가 많이 좋아졌다. 대학은 여전히 온라인 수업이었지만 사람들의 코로나에 대한 경계심은 조금 옅어진 듯했다. 여전히 사람들과 어울리는 것이 불편하긴 했지만, 3학년 때처럼 고통을 느낄 정도는 아니었다. 이 때의 나는 흔한 집순이 정도로는 회복되었다.

다만 대학교 4학년 때는 지금까지 와는 또 다른 형태의 위기가 찾아왔는데, 바로 진로를 결정하지 못해서 다가오는 미래에 대한 불안감이었다. 일본은 일반적으로 3학년 2학기 무렵부터 취업활동을 시작하고, 4학년에는 본격적으로 기업에 서류를 응모하기 시작한다. 그런데 나는 3학년 때 취업을 준비할 겨를이 전혀 없었기 때문에, 4학년이 되어서야 진로에 대해 생각하기 시작했다.

전문성을 갖추기 위해서, 깊게 파고 들고 싶은 분야를 찾기 위해서 대학에 왔는데, 내가 무엇을 좋아했는지 도저히 기억이 나지 않았다. 4학년이 되었는데 아무런 대책이 없었다. 대학원으로 진학할지, 취업할지 조차 정하지 못했다. 방향을 잃어버린 것이다.

나는 아버지에게 조언을 구하기로 했다. 아버지는 나의 전공과 적성, 그리고 전문성을 갖추고 싶다는 희망사항을 고려하여 나에게 회계사를 공부할 것을 추천해주었다. 그러나 위에도 적은 것처럼 회계사 시험을 공부하는 데에는 큰 돈이 든다. 취득할 수 있다는 보장도 없다. 심지어 아버지는 내가 공부를 어느 정도 하는지도 모른다. 그런데도 나에게 도전할 기회를 주기 위해 800만원이라는 큰 돈을 믿고 맡겨주었다. 나는 '아버지의 믿음을 배신해서는 안 된다. 회계사를 취득하는 것만이 이 은혜에 보답하는 길이다.' 라는 생각을 가지게 되었다. 그렇게 집에서 혼자 인터넷 강의를 보면서 공부에 전념했지만, 잘 되지 않았다. 지금 생각하면 당연하다. 작년까지만 해도 우울증 때문에 3분 이상 영상을 볼 수 없던 사람이 갑자기 고난이도 자격증에 도전한다는 것이 말이 안 되는 상황이었던 것이다.

내가 해낼 수 없다는 사실을 깨닫자 나는 초조해졌다. 나에게 기회를 준 아버지를 실망시키고 싶지 않았기 때문이다. 그래서 어쩔 줄 모르고 있는 가운데 친구들에게 다시 조언을 구하자, 아버지에게 솔직하게 털어놓을 것을 제안했다. 나는 너무 두려웠지만 친구들이 말한 것 외에 다른 길은 없다고 생각했다.

솔직하게 털어놓자, 아버지는 도대체 뭐가 문제냐는 반응을 보였다. 애당초 자격증 취득이 목적이 아니라 지식을 얻기 위한 공부인데 부담을 느낄 필요가 없다는 것이다. 아버지는 내가 생각한 것 이상으로 관대하고 개방적인 사람이었다. 세상 어느 부모가 자식에게 성과가 아닌 고작 '도전할 기회'를 주기 위해서 저런 큰 돈을 넘긴단 말인가. 나는 문화충격을 받았다.

아버지는 잠시 생각하다가 나에게 얘기했다. 만약 아직 진로가 정해지지 않았다면, 대학원에 가는 것은 어떻냐고 제안한 것이다. 이 말을 듣자 나는 온 몸에 소름이 돋았다. 말하진 못했지만 늘 마음 속에 대학원에 가서 공부하고 싶다는 생각이 있었기 때문이다. 그러나 지금 내 상황에서 석사 과정을 견딜 수 있을까 라는 걱정과, 이제 대학교 졸업을 눈앞에 두는데, 공부를 더 하면 가족에게 부담을 주는 것이 아닌가 라는 죄책감 때문에 감히 말을 꺼내지 못하고 있었기 때문이다.

그러나 아버지는 '그런 건 신경 쓰지 말고, 네가 하고 싶은지 아닌지만 생각해'라는 단 한 마디로 모든 상황을 정리해버렸다. 나를 괴롭히던 고민들이 사라지는 순간이었다. 당연히 대학원에 가고 싶었다. 아마 이 기회를 놓치면 다른 기회는 오지 않을 것이다. 나는 아버지에게 대학원에 가고 싶다고 얘기했다. 아버지는 알겠다는 한 마디만 남겼다.

나는 인터넷에서 대학원을 알아보기로 했다. 이 때 검색해서 알았는데, 일본에는 회계만 전문적으로 가르치는 '회계대학원'이 있었다. 회계대학원의 특징은 회계에 관련된 여러 가지 심화적인 내용을 가르친다는 것과, 특정조건을 달성하면 세무사나 회계사 같은 고난이도 자격증의 일부 과목을 면제해준다는 것이다. 나에게는 이 두 가지가 큰 매력으로 다가왔는데, 우선 첫 번째 이유는, 회계학이 나에게 미지의 영역이기 때문이었다. 상업고등학교를 다녔기 때문에 회계관련 자격증은 취득했지만, 학문으로서의 회계는 접해 본 적이 없었다. 경영학을 가르치는 학부에서도 회계랑 관련된 과목은 손에 꼽을 정도로 적었고, 인기도 없어서 정보를 얻기가 쉽지 않았다. 두 번째 이유는, 회계사를 공부하는 데 있어서 보험을 걸어두고 싶었기 때문이었다. 일본의 회계사 시험 제도는 1차로 객관식 시험, 2차로 서술형 시험이 있는데, 1차 시험에 합격해도 2차 시험에서 3번 이상 떨어지면 1차 시험부터 다시 치뤄야한다. 심지어 2차시험은 1차 시험의 상위 15~20% 합격자만 치룰 수 있기 때문에 난이도는 더욱 상승한다.

이런 상황 속에서 아무런 대비도 없이 도전하다가, 실제로 2차 시험에서 3번 떨어져 처음부터 다시 도전한 사람도 더러 있다는 이야기를 들었다. 따라서 나는 당장 회계사 시험에 합격할 수는 없겠지만 미리 준비는 해놓자는 생각이 들었다. 아무래도 회계에 대해 공부하다 보면 회계사 시험 과목에서 다루는 내용을 공부하기 때문에, 해당 분야의 지식은 나에게 반드시 익혀야 하는 것이었고, 회계사 시험도 언젠가는 다시 도전하고 싶다는 생각이 들었기 때문이다. 그러나 내가 아버지에게 대학원 입학 허락을 받은 것이 1월 중순이었고, 나는 그해 3월에 대학교를 졸업할 예정이었기 때문에 시간이 촉박했다. 대부분의 대학원은 이미 모집을 마감했지만, 운 좋게 내가 지원할 수 있는 대학원을 찾을 수 있었고, 나는 혼신의 힘을 다해 대학원 입시를 준비했다. 그리고 무사히 합격하여 대학원에 진학하게 되었다. 아버지를 비롯한 주변 사람들 모두 자신의 일처럼 기뻐해주었다.

5막 대학원 1학년 : 육체적 위기

대학원에 무사히 입학한 나는 돈 걱정 없이 하고 싶은 공부를 실컷 할 수 있었으며, 회계사 공부에도 매진할 수 있는 환경이 갖춰졌다. 문제는 이렇게 환경을 다 갖추어도 내게 그것을 해낼 체력과 정신력이 없었다는 것이다.

대학원 1학년이 되자마자 코로나 백신을 맞게 되었는데, 그 백신이 나랑 잘 맞지 않았던 모양이었다. 아니면 우울증이 다시 심해졌는지도 모르겠다. 아무튼 나는 몇 달 동안 엄청난 무기력감과 권태감에 시달렸고, 침대에서 일어나서 뭔가를 하는 것 자체가 고통으로 느껴졌다. 그래서 첫 학기는 거의 공부를 못 했고, 첫 단추를 잘못 꾀는 바람에 대학원 생활 전체를 망친 듯한 느낌이 들었다.

나는 침대에 가만히 누워서 생각을 했다. 나는 왜 이렇게 고통을 느끼는 걸까. 왜 모든 일이 힘든 걸까. 가만히 생각하자 답이 나왔다. 힘든 일만 하기 때문이었다. 즉 스트레스를 해소할 수 있는 활동을 전혀 하지 않았던 것이다. 그동안 나는 하고싶은 일, 즐거운 일을 전부 뒤로 미뤄두고, 지금 이 고통을 견디면 "언젠가" 행복해지겠지 라고 생각했다. 이렇게 해야 하는 일들을 즐거운 것이라며 스스로를 세뇌하다 보니 이제는 한계가 온 것이었다.

그래서 나는 하던 일을 잠시 멈추고, 내가 좋아하는 일을 하기로 했다. 내가 좋아하는 것이 무엇인지 도저히 알 수가 없어서, 그동안 관심을 가지고 있던 것을 하나씩 실천해보기로 했다. 우선 게임을 좋아하니 게임을 했다. 맛있는 것을 좋아하니 맛있는 것을 먹었다. 악기도 배워보고 그림도 배워봤다. 그럼에도 마음이 뭔가 허전했다. 무슨 짓을 해도 채워지지 않는 공간이 있었다. 그 빈 공간에 집중할수록 나는 더욱 스트레스를 받았고, 그 스트레스는 폭식으로 이어졌다. 일단 맛있는 것을 먹으면 당장 행복해질 수 있었기 때문이다. 덕분에 살이 엄청나게 쪄버렸다. 원래 몸무게에서 20키로는 더 찌고 말았다. 하늘이 무겁게 느껴질 정도였다. 위기라고 생각한 나는 근처 헬스장에 등록해서 운동을 했다. 식단도 조절했다. 그런데 전혀 살이 빠지지 않았다. 그래서 더욱 스트레스를 받았다. 회계사 시험에 도전할 때조차 시간은 걸리지만 포기하지 않으면 된다는 확신이 있었는데, 육체적인 것은 도저히 그런 확신이 들지 않았다. 나는 점점 헬스장에 가지 않게 되었고, 몸무게는 더 늘어났다. 어느 날 거울을 보자 갑자기 엄청난 불안과 공포감이 엄습했다. 내 모습이 너무 흉측하게 느껴졌기 때문이다. 2년 전만 해도 내 몸무게가 59키로였는데, 지금은 90키로가 넘어버렸다. 사람들이 나를 이상하게 보면 어떡하나 하는 두려운 마음이 들었다.

하지만 내 몸무게가 불어나도 평소와 다름없이 대해주는 친구들의 모습을 보면서, 나의 내면을 봐주는 사람이 있다는 사실에 용기를 얻을 수 있었다. 그리고 침착하게 다시 내 상황을 생각해보니, 지금까지 나는 누군가에게 잘 보이고 싶다는 이유가 다이어트의 동기였다. 그래서 이유가 사라져버리면 다이어트도 자연스레 그만두고 말았다. 하지만 어느 날 아버지가 나에게 말했다. '너는 늘 이것도 하고 싶고 저것도 하고 싶다고 말하지만, 그걸 해내기 위해서는 무엇보다 건강이 밑받침 되어야 해. 아빠는 너를 사랑하지만 네가 아픈 걸 대신할 수는 없으니까 아프기 전에 미리미리 관리하렴' 아버지의 말을 듣자, 적어도 남에게 보이기 위해 다이어트를 해야한다는 강박관념을 버리고, 나의 건강을 위해서, 그리고 내가 아파서 주변 사람들을 힘들게 하지 않도록 살을 빼야겠다는 생각이 들었다. 비록 당장은 배달음식의 횟수를 줄이고, 산책을 자주 나가는 정도의 작은 일 밖에 할 수 없지만 조금씩 할 수 있는 일을 늘려나가기로 했다. 그렇게 나는 대학원 2학년이 되었다.

6막 대학원 2학년 : 다시 경제적 위기

대학원 1학년을 마치고 방학이 되자마자, 나는 다시 새로운 위기를 맞이했다. 아버지 회사의 경영상황이 나빠진 것이다. 아버지는 대학교 4학년 때부터 나에게 생활비와 학비를 보내주고 있었는데, 회사 상황이 안 좋아지면서 나에게 필요한 비용을 감당하기가 어려워진 것이다.

나는 문득 대학교 2학년 때가 떠올라서 두려웠다. 다시 그 비참한 생활로 돌아가야 하나 싶었다. 하지만 지금은 그 때에 비해 고정적인 지출이 너무 많이 늘어버렸기 때문에 생활비를 어떻게 감당할지 답이 안 나오는 상황이었다.

그러나 4년 전과는 다른 것이 있었다. 바로 내 주변에는 내가 믿고 의지할 수 있는 사람들이 있다는 것이다. 우선 매일 나에게 연락하여 나의 고민을 들어주거나 함께 게임을 하고, 내가 힘들어할 때는 조금만 더 힘을 내면 졸업할 수 있다며 나를 늘 격려해줬던 친구들을 비롯하여 내 주변에서 나를 정신적으로 지지해주는 사람들이 있었다.

그리고 무엇보다 나에게는 아버지가 있었다. 아버지와 나는 매번 돈에 대한 얘기를 할 때마다 서로를 비난하는 것보다 각자 무엇을 할 수 있는지 의논하고, 대화를 마무리할 때에는 반드시 아버지와 내가 힘을 합치면 무엇이든 할 수 있으니 지금 잠깐 힘든 시기를 견디자고 서로 다짐했다. 아버지에 비하면 내가 할 수 있는 일은 많지 않았지만, 다짐을 할 때마다 나는 내가 무엇을 할 수 있는지 생각하게 되었고, 아버지에게 이 무거운 짐을 다 지우고 싶지 않았다는 생각이 들었다.

나는 일단 집에 있는 안 쓰는 물건을 중고장터에 내놓았고, 물건이 하나 둘씩 팔리자 제법 돈이 모였다. 그 외에도 수입을 더 늘리기 위해 일자리도 찾아보았다. 대학원을 졸업하지 않은 상황이라 거의 모든 회사에서 다 떨어졌지만, 딱 한 군데 나를 받아주는 곳이 있었다. 학부생 때 도움을 주신 교수님의 추천으로 알게 된 스타트업이었다. 원래 그곳에서 인턴으로 근무하고 있었는데, 내가 일하는 모습을 보고 정식으로 채용하고 싶다는 제안이 온 것이었다. 돈이 필요했던 나에게는 마른 하늘의 단비와 같은 제안이었다. 비록 그곳에서 오래 근무하지는 못했지만 일하면서 깨달은 것도 많았다. 무엇보다 새로운 기술을 가지고 새로운 사업에 도전하는 개척정신을 배울 수 있었다.

스타트업을 그만두자, 나는 다시 새로운 직장을 구하게 되었다. 이 시점에서는 졸업까지 한 학기 밖에 남지 않았기 때문에, 차라리 신입사원으로 입사할 수 있는 곳을 찾기로 했다. 지금까지 한국의 직장밖에 겪어보지 못했기 때문에 이번에는 일본의 기업에서 일해보고 싶었다. 그렇게 나는 두 달 동안 구직활동을 했고 결국 취업에 성공했다. 취업에 성공하니 아버지도 나도 큰 짐을 하나 덜어낸 기분이었다.

이제 남은 학기만 무사히 보내면 졸업이었다. 1학년 때 학점을 별로 따지 못했기 때문에 마지막 학기에 많은 수업을 들어야 했고, 아르바이트를 하며 돈까지 벌어야 하는 상황이었다. 다행히 아르바이트는 내가 스타트업에서 근무했던 경험을 평가받아, 학생들의 취업활동을 지원하는 기업의 영업직으로 근무할 수 있었기 때문에 앉아서 근무할 수 있었다. 이렇게 일자리를 얻은 나는 평일 점심부터 학교를 가기 전까지 근무하고, 저녁에 수업을 들었다. 토요일은 하루 종일 수업이 있었고, 일요일은 밀린 과제를 하거나, 근무가 가능한 날에는 근무를 했다. 솔직히 정신적, 체력적으로 힘들었지만 주변 사람의 도움으로 끝까지 해낼 수 있었다. 그렇게 나는 대학원을 졸업했고, 나의 5년에 걸친 나의 시련은 끝을 맞이했다. 아버지를 비롯한 주변 사람들은 또 다시 자신의 일처럼 기뻐해주었다.

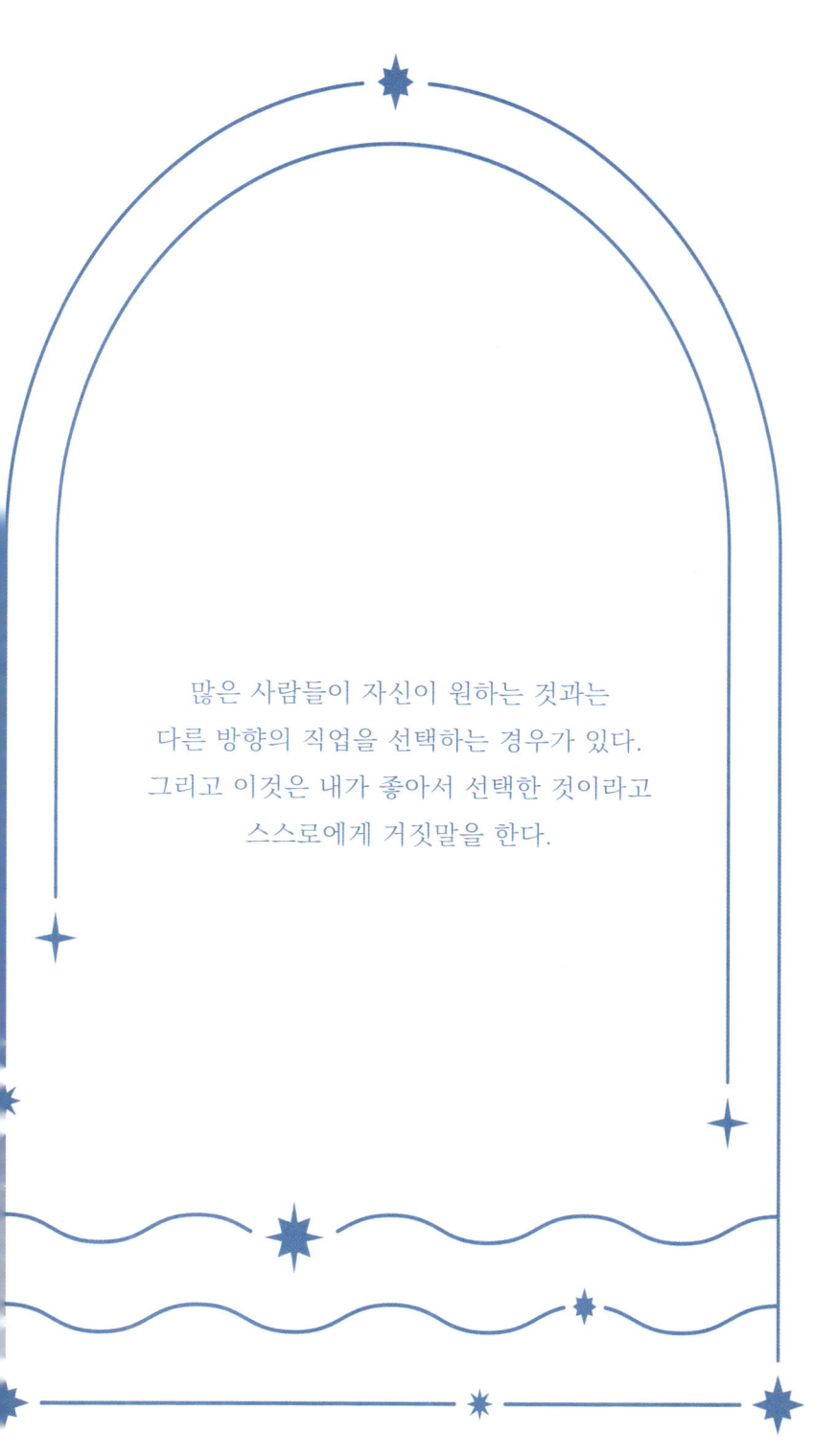

많은 사람들이 자신이 원하는 것과는
다른 방향의 직업을 선택하는 경우가 있다.
그리고 이것은 내가 좋아서 선택한 것이라고
스스로에게 거짓말을 한다.

6장
일본의 취업활동

일본의 취업활동은 다른 나라와 다르게 오랜 기간에 걸쳐 이루어진다. 나 또한 학부 4학년 때 진로의 위기를 겪었던 이유가 바로 일본의 취업활동을 잘 몰랐기 때문에 시기를 놓친 것이 원인이라고 할 수 있다. 따라서 6장에서는 일본의 취업활동 방식과 준비방법에 대해 얘기하면서, 일본 유학을 꿈꾸는 독자들이 학부 과정을 밟는 동안 취업을 어떻게 준비할지 생각할 수 있는 계기가 되었으면 한다.

참고로 업종에 따라서는 아래에서 서술하는 시기보다 빨리 모집을 시작하는 경우가 있으므로, 자기분석을 진행하여 종사하고 싶은 업종을 정하면, 해당 업종이 언제부터 모집을 시작하는지 빠른 시기에 알아보는 것이 좋다.

1막 일본 취업활동의 개요

일본의 취업활동은 시기에 따라 진행 절차가 나누어지는데, 한 학년을 4월부터 다음 해 3월까지라고 할 경우, 개인적으로 생각하는 이상적인 취업활동 진행 시기는 아래와 같다.

3학년(대학원 1학년) 11월까지 : 자기분석 진행

3학년(대학원 1학년) 12월~2월 : 관심 업종 및 직종을 바탕으로 정보를 수집할 기업의 후보군을 정한 후, 정보수집 실시

3학년(대학원 1학년) 3월 : 기업 후보군의 숫자를 엔트리 시트(일본에서 취업할 때 작성해야 하는 이력서 및 자기소개서 같은 것)를 개별로 작성할 수 있는 수준으로 줄인 후에 해당 서류를 작성

4학년(대학원 2학년) 4월 : 기업이 취업심사를 시작하므로, 사전에 작성한 엔트리 시트를 제출하고 서류심사 답변이 오기까지 면접을 준비한다.

4학년(대학원 2학년) 5월 이후 : 빠른 사람은 이 때부터 근무할 곳이 정해진다.

4학년(대학원 2학년) 3월 : 졸업요건을 충족하면 졸업할 수 있다. 만약 돈이 충분하다면 회사 근처로 미리 이사 가는 것을 추천한다.

신입사원 4월 : 최종적으로 내정을 승낙한 회사에서 회사 생활이 시작된다.

2막 구체적으로 무엇을 해야 하는가
Part 1. 3학년(대학원 1학년) 11월 이전

3학년 11월 이전까지는 일반적으로 자기분석을 진행하는 시기이다. 자기분석이란, 자신이 어떤 업종, 직종에서 일을 하고 싶은지, 어떤 조건으로 근무하고 싶은지, 앞으로 경력은 어떻게 쌓을 것이며, 회사에 들어가면 무슨 일을 하고 싶은지 등을 분석하는 단계이다. 사실 이 단계는 취업에서 가장 큰 비중을 차지한다고 생각한다. 자기분석이 확실하게 되어있는 사람은 취업을 준비하면서 서류나 면접을 준비할 때 자신의 생각을 있는 그대로 표현하면 되기 때문에 준비가 쉬워진다.

그러나 지금까지 공부만 해왔던 대학생에게 자신이 무엇을 좋아하고, 어떤 일이 잘 맞는지 선택하는 것은 쉬운 일이 아니다. 실제로 일본에서는 신입사원 3명 중 1명이 3년 이내에 이직한다는 보도가 있다. 나는 이 원인을 애매한 자기분석에 있다고 본다. 취업을 준비하면서 근본에 해당하는 자기분석을 소홀하고 기술에 가까운 면접이나 서류만 반듯하게 준비한다면, 스스로 일하면서도 '뭔가 아니다' 라고 생각하고 그만두게 되는 것이다.

이렇게 확신을 가지고 말할 수 있는 이유는, 실제로 내가 처음 직장에 들어갔을 때 이랬기 때문이다. 나는 나의 적성이나 하고 싶은 일을 전혀 생각하지 않고, 그저 공무원이라는 번듯한 겉모습만 보고 입사했다. 그러나 결과는 나의 적성과 전혀 맞지 않는 업무로 인해 고통받는 날들이 이어졌고, 결국 아무리 오래 있으려 노력해도 다른 곳으로 떠나고 말았다. 이것 또한 애매한 자기분석의 실패사례라고 할 수 있다. 자기분석에 있어서 가장 중요한 것은 자기 자신에게 솔직해지는 것이다. 많은 학생들이 부모님을 위해서, 주변 사람에게 인정받기 위해서 자신이 원하는 것과는 다른 방향의 직업을 선택하는 경우가 있다. 그리고 이것은 내가 좋아서 선택한 것이라고 스스로에게 거짓말을 한다. 하지만 그런 거짓말은 오래 가지 못한다. 그 직장이 스스로에게 맞지 않는 곳이란 것은 스스로가 가장 잘 알기 때문이다. 출근을 고통으로 여기는 것이 바로 그 증거이다.

믿기 힘들겠지만, 자신과 맞는 직업을 선택하면 '보람'이라는 것을 느끼게 되고, 자연스레 능력이 향상되며, 일이 즐거워진다. 그러기 위해선 우선 자기 자신이 무엇을 좋아하는지 먼저 알고, 그것을 있는 그대로 솔직하게 받아들일 필요가 있다. 나의 경우, 중요하다고 생각하는 기준은 1)내가 전문성을 갖추고 싶은 분야인가, 2)나의 능력이 성장할 수 있는가, 3)자신의 의견을 거리낌 없이 드러낼 수 있는가, 4)주변 사람들의 인정을 받을 수 있는가, 5)나의 일이 다른 사람들에게 도움이 되는가, 6)생활을 안정시킬 수 있는 정도의 월급을 받을 수 있는가 라는 조건을 갖출 필요가 있다. 이 기준을 보았을 때, 내가 중요시하는 것은 '성장, 인정, 생활의 안정'이라는 세 가지 키워드가 핵심인 것을 알 수 있다. 이렇게 자신에게 있어서 중요한 것이 무엇인가 파악하는 것이 자기분석이라고 할 수 있다. 실제로 자기분석을 철저히 실행한 결과, 나는 위의 조건이 갖춰진 기업에서 일할 수 있게 되었고, 덕분에 아침마다 회사에 가는 것이 너무 즐겁다고 느낀다. 나는 독자 여러분도 이런 환경에서 일하기를 바란다.

사실 자기분석이란 적성검사 몇 번 받는다고 파악할 수 있는 것이 아니다. 자신에 대한 깊은 성찰이 필요하고, 자신의 인생관과 가치관을 예리하게 다듬는 대단히 어려운 작업이다. 그렇기에 많은 시간을 할애할 필요가 있는 것이다. 내가 여러분에게 조언하고 싶은 것은, 3학년 11월이 되기 전까지 다양한 경험을 했으면 한다. 실패해도 좋다. 당신이 실패를 했다는 것은 적어도 적성이 맞지 않는 분야를 하나 알아냈다는 것이고, 그 분야는 선택지에서 배제하면 된다. 실제로 나는 2학년 때 너무 돈이 없어서 일용직 상하차 물류센터에서 근무한 적이 있는데, 이 때 육체노동은 나에게 정말 맞지 않는다는 것을 깨달았고, 그 뒤로는 선택지에 전혀 넣지 않았다.

만약 나에게 월 250만원 받고 사무직에 종사하는 것과 월 500만원 받고 육체노동이나 생산직에 종사하는 것 중 하나 선택하라고 하면, 망설임 없이 전자를 고를 것이다. 하지만 만약 내가 고된 육체노동을 겪어보지 않았다면, 후자의 월급을 보고 많은 고민을 할 것이고, 돈이 필요하다는 이유로 적성을 무시하여 후자를 고를 가능성도 생긴다. 이런 맞지 않는 선택을 막아주는 역할을 하는 것이 바로 경험이다. 그렇기에 다양한 경험을 할수록 선택지의 폭이 넓어짐과 동시에 정확도가 올라가는 것이다.

추가로 몇 가지 조언을 하자면, 첫 번째로 자신이 좋아하는 것에 솔직해질 필요가 있다. 정확하게는 자신이 어떤 조건에 매력을 느끼고, 어떤 조건에 불이익을 느끼는지 파악할 필요가 있다. 그리고 긍정적인 요소와 부정적인 요소를 전부 고려하여 합계가 긍정적으로 나온다면, 즉 조건을 다 감안해도 그 회사가 다닐만한 곳이라면 입사하면 된다. 합계가 부정적이라는 결과가 나왔는데도 그 회사에 다닌다면, 당신은 회사에 다닐수록 손해를 본다는 생각이 들 것이고, 자신의 일과 직장을 혐오하게 될 것이며, 결국에는 그 직장을 떠나게 될 것이다.

두 번째, 시야를 넓게 가지라는 것이다. 이 조언은 특히 자신이 전공지식을 살릴 수 있는 일을 하고 싶은 사람에게 꼭 전하고 싶다. 많은 학생이 성장에 대한 욕구(좋아하는 일), 배운 지식의 활용(잘 하는 일), 생활의 안정(돈을 벌 수 있는 일), 사회적 의의(사회가 필요로 하는 일) 모두를 챙기고 싶어한다. 하지만 이를 드러내는 것은 두려워한다. 비현실적인 목표라고 비난받는 것이 두렵기 때문이다. 하지만 나는 이 바람이 비현실적이라고 생각하지 않는다. 오히려 저 조건을 충족하고 싶어하는 것은 자연스러운 일이다. 누구나 더 나은 행복이 있다면 당연히 그걸 선택하지 않겠는가. 그리고 놀라운 사실은, 저 네 가지 사항은 사실 모두 연계되어 있어서 네 개 모두 실현하는 것이 가능하다. 즉 하나를 충족하면 나머지 요소는 자연스레 따라오게 되어있다는 것이다. 무엇부터 충족하는지는 개인의 상황과 취향에 따르겠지만, 내 개인적인 추천은 잘하는 일을 하는 것이다. 왜냐하면 일을 잘하면 자연스레 인정받게 되고, 인정을 받으면 그 일이 좋아진다. 그럼 더 잘하기 위해 스스로 방법을 찾게 되고, 그러면 능력이 성장한다. 기본적으로 직업이란 자신의 시간과 능력으로 타인의 문제를 해결하고, 그에 따른 대가를 얻는 것이므로 모든 직업은 사회적 의의가 있다. 따라서 지금 하는 일은 사회적으로 의미가 있는 일이기도 하다. 능력이 성장할수록 영향을 미치는 범위가 넓어지며, 이는 사회적인 의의가 커진다는 것을 뜻한다. 또한 능력이 성장할수록 회사에서는 당신이 회사를 떠나지 않도록 승진을 시키거나 더 많은 임금을 지불할 것이다. 이렇게 선순환이 이루어지면서, 당신이 하는 일은 잘하는 일이자, 좋아하는 일이자, 돈을 벌 수 있는 일이자, 사회적으로 의의가 있는 일이 되는 것이다.

그렇다면 이제 '어떻게 해야 내가 잘하는 일을 찾을 수 있을까' 라는 의문이 생긴다. 이에 대한 단서가 바로 '전공지식'이다. 물론 전공지식과 관련이 없더라도 자신이 특출나게 잘하는 일이 있다면 그것을 직업으로 삼아도 된다. 다만 대부분의 학생은 자신의 특출난 재능이 무엇인지 잘 모를 것이다. 하지만 한 가지 확실한 것은 대학에서 뭔가를 전공했다면 적어도 그 분야에 대해서는 비전공자보다 많은 지식을 가지고 있다는 것이다. 그래서 전공지식을 살리면 잘하는 일을 찾을 수 있다.

이제 두 번째 의문이 생긴다. '내 전공은 업무에 살리기가 힘든 분야인데, 어떻게 활용하면 되는가' 라는 의문 말이다. 바로 이 의문에 대한 대답이 '시야를 넓게 가져라' 이다. 만약 자신의 전공과 직접적인 상관이 있는 직업만 시야에 넣고 취업활동을 한다면 선택지가 엄청나게 좁아질 것이다. 예를 들어 인문학 계열 전공자는 교수나 선생이 되어야하고, 국제정치학 같은 분야를 전공한 사람은 UN이나 외교부에 가는 것 외에는 길이 없을 것이다. 그러나 시야를 넓히면 얼핏 상관없어 보이는 자신의 전공도 강점이 될 수 있다.

다시 인문학 계열의 전공자를 예시로 들어보겠다. 일본에서 신입사원을 채용할 때 가장 중요하게 여기는 요소가 '커뮤니케이션 능력' 이다. 이것은 얼핏 보면 일본어 능력을 나타내는 것이라고 생각할 수 있지만, 깊은 내용은 좀 더 다른 의미를 내포하고 있다(물론 유학생이라면 일본어 능력도 취업에 있어서는 무척 중요하다). 나는 커뮤니케이션 능력을 '상대방의 의중을 정확하게 파악하는 능력'이라고 생각한다. 이 능력은 주로 고객의 해결해야하는 과제를 파악하고 해결방안을 제안하거나(일반적으로 이런 일을 하는 사람을 영업직이라고 한다), 해결방안의 후속조치를 맡는 등, 고객과 지속적인 관계를 유지하는데 아주 중요한 역할을 한다. 일본에서 기업 간의 거래나 업무는 신뢰을 바탕으로 진행되기 때문에 커뮤니케이션 능력은 무척 중요하다.

그 외에도 직장의 고유한 분위기나 규칙을 이해하고 따르는데에도 커뮤니케이션 능력은 활용된다. 인문학 전공자의 경우 자신이 배운 내용을 바탕으로 인간에 대해 깊게 이해하고, 이를 커뮤니케이션 능력으로 승화시킬 수 있다면 회사에서 유능한 인재가 될 수 있다. 영업은 어느 회사나 필요로 하기 때문에 분야는 제한하지 않겠지만, 자기개발을 통해 자신이 다루는 제품이나 서비스에 대한 기술적인 이해를 커뮤니케이션 능력과 함께 갖추게 된다면 몸값은 더 뛰게 된다.

이번에는 국제정치학을 예로 들어보겠다. 해당 학과도 위에 예시를 든 것처럼 커뮤니케이션 능력을 갖출 필요가 있지만, 그 외에 강점인 글로벌과 관련된 지식이 있다는 점을 살릴 수 있다. 예를 들어 무역을 주로 하는 회사라면 글로벌 지식이 매우 유용할 것이다. 일본의 상사(商事)처럼 해외를 상대로 거래를 진행하는 기업의 경우, 정말 다양한 물건을 다루고 판매하는 국가나 기업의 국적도 제각각이다. 같은 물건이라도 국가에 따라 판매전략을 바꿔야하기 때문에, 국제정치학 전공자가 배운 지식이 큰 도움이 될 것이다. 만약 여기에 추가로 마케팅을 공부하거나, 전문상사(특정 제품만 다루는 무역회사)같은 경우에는 해당 제품에 대한 기술적인 이해까지 갖춘다면, 이 역시 몸값은 더 뛰게 된다. 기업의 기본적인 활동을 만드는 것과 파는 것으로 나눌 경우, 만드는 것은 깊은 전문지식이 필요하지만, 파는 것은 잠재적인 필요나 고객의 과제를 발굴하는 능력, 그리고 그에 대한 해결방안을 합리적인 가격에 제안하는 능력이 중요하다. 물건을 팔기 위해서는 좋은 물건을 만드는 것도 중요하지만, 현대 사회에서는 어떻게 파는지도 중요해지고 있다. 이 부분을 공략한다면 자신의 전공분야를 얼마든지 활용할 수 있는 것이다.

마지막 조언은, 사람들이 필요로 하는 대체불가능한 인재가 되라는 것이다. 이 말을 들으면 다른 사람보다 뛰어난 능력을 갖추라고 이해하는 사람이 있는데, 이는 내 의도와 전혀 다른 해석이다. 물론 일정 수준의 능력은 갖출 필요가 있지만, 그렇다고 늘 치열한 경쟁 속에서 살아남으라는 가혹한 말을 하는 것이 아니다. 나는 독자 여러분만의 블루오션을 찾아내고, 그 안에서 능력을 키워나가길 원한다.

이것을 실천하는 방법은 바로 양손잡이가 되는 것이다. 즉, 자신의 주 전공분야와 함께 곁들일 수 있는 또 다른 분야를 서로 매칭하면 된다. 이렇게 한다면 무수한 조합이 탄생하게 되는데, 이 중 잘 하는 일/ 좋아하는 일/ 돈을 버는 일/ 사회적 의미가 있는 일 을 기준으로 자신에게 가장 맞는 것을 고르면 된다.

내 경우를 예로 들자면, 나는 대학원에서 회계학을 전공했기 때문에 주 전공분야는 회계이다. 그리고 나는 네 가지 기준 중에서 좋아하는 일이 가장 중요하기 때문에 내가 좋아하는 IT분야를 깊게 파고들기로 했다. 즉 IT분야에 특화된 회계지식을 갖춘 인재를 목표로 하고 있는 것이다. 이렇게 분야를 조합하면, 내가 할 수 있는 일의 넓이와 깊이를 모두 챙길 수 있다. 우선 회계가 주축이 되기 때문에 다른 분야에서 회계를 응용할 수도 있지만, 기본적으로 IT라는 분야에서 활용하도록 축을 고정함으로써 전문성도 챙길 수 있다. 여러분도 자신만의 조합을 찾아 대체 불가능한 인재가 되기 바란다. 그 길을 계속 걷다 보면 당신은 자연스레 대체불가능한 인재가 되어 있을 것이다.

Part 2. 3학년(대학원 1학년) 12월~2월

3학년 11월까지 자기분석을 어느정도 마쳤다면, 이제는 그 기준에 따라 입사하고 싶은 기업의 후보군을 정할 필요가 있다. 그러나 대부분의 학생은 기업에서 근무한 경험이 없을 것이므로 어떻게 후보군을 정할지 고민이 될 것이다. 그래서 몇 가지 방법을 추천하고자 한다.

첫 번째로 업종의 대표적인 위치에 있는 대기업에 입사를 희망하거나, 다양한 업종의 기업에 관심이 있는 경우에는 매년 일본에서 발행되는 '업계지도' 라는 책을 활용하는 것을 추천한다. 해당 책은 일본에 어떤 업종이 있고, 해당 업종에는 어떤 기업이 대표적인 위치에 있는지, 자본금과 직원수 등의 규모는 어느 정도인지, 자회사나 모회사 관계가 있다면 해당 사실까지 알려주기 때문에 넓은 측면으로 업종을 파악하기에 좋다.

두 번째로 취업 에이전트를 활용하는 방법이 있다. 취업 에이전트란, 학생의 취업 관련 희망사항이나 자기분석 내용을 바탕으로, 에이전트에 등록되어있는 기업을 추천해주는 서비스를 실시하는 기업을 말한다. 에이전트에 따라서 등록되어 있는 회사도 다르고, 폭 넓은 업종을 다루는 에이전트부터, 이공계나 컨설턴트에 강한 에이전트까지, 각자 강점으로 삼는 부분이 다르므로 잘 살펴보고 가입할 것을 추천한다. 유학생을 대상으로 하는 에이전트를 찾아 가입하는 것도 좋은 방법이 될 수 있다. 에이전트에 따라서는 엔트리 시트 작성이나 면접 준비를 도와주는 곳도 있으니 잘 찾아보자.

세 번째로 '마이나비'나 '리쿠나비' 같은 대규모 리쿠르트(구인구직) 사이트를 활용하는 방법이 있다. 이러한 사이트는 에이전트처럼 엔트리 시트 작성이나 면접 준비를 별도로 도와주진 않지만, 다양한 기업의 채용 정보를 확인할 수 있다. 일반적으로 학생들이 취업할 때 가장 많이 활용하는 방법이기도 하다.

네 번째로 취업 관련 이벤트에 참가하는 방법이 있다. 대표적인 이벤트로는 여러 기업이 한 군데 모여서 설명회를 진행하는 공동설명회나, 대규모 취업박람회 등이 있다. 그 외에도 매칭 이벤트라는 것이 있는데, 이벤트에 참석한 기업이 먼저 간단한 회사소개를 진행한 후, 취업생이 비즈니스 게임(1day 인턴십 같은 것)에 참석하게 된다. 학생이 이벤트에 임하는 태도를 기업이 평가함과 동시에 학생도 기업을 평가할 수 있다. 서로의 선호도를 확인하여 매칭해주는 이벤트가 매칭 이벤트이다. 이러한 이벤트는 한 번에 여러 분야의 기업에 대한 정보를 얻을 수 있고, 이벤트에 따라서는 모의 면접 같은 것도 경험해볼 수 있기 때문에 제법 유용하다.

다섯 번째로 관심이 있는 기업 별로 인턴십이나 기업설명회에 참가하는 방법이 있다. 이건 해당 기업의 홈페이지에 방문하면 채용과 관련된 페이지가 있는데, 그곳에서 설명회 일정을 확인하고 신청할 수 있다. 기업에 따라서는 설명회에 참석하는 것이 심사의 첫 번째 조건인 경우도 있으며, 시기를 놓쳐 설명회에 참석하지 못하는 경우에는 해당 조건을 충족하지 못해 아예 지원을 하지 못하는 경우도 있으므로 주의하자.

Part 3. 3학년(대학원 1학년) 3월

이제 후보군의 숫자를 줄일 차례다. 개인적인 추천은 20개 정도 남겨놓는 것이다. 엔트리 시트의 내용을 복사하거나, 오픈 엔트리 시트를 활용하여 여러 기업에 제출하는 것도 가능하지만, 내정을 받을 확률을 높이기 위해서는 기업에 대한 면밀한 조사를 진행하고 이를 지원동기에 반영해야 한다. 따라서 최종 후보군은 현실적으로 기업조사에 대응가능한 숫자여야 한다.

최종까지 다다르기 위해서는 서류 심사, 적성 검사, 면접 2~3회 등 많은 단계를 거쳐야 하기 때문에, 면밀하게 준비해도 중간에 탈락할 확률이 제법 높다. 따라서 떨어질 것까지 감안하여 20개 정도로 추리는 것을 추천하고 싶다. 20개가 부담된다면 적어도 10~15개는 남겨놓는 것이 좋다. 서류를 준비하는 동안 여유가 있다면 엔트리 시트의 내용을 바탕으로 면접 예상질문까지 작성하면 나중에 편해진다.

Part 4. 4학년(대학원 2학년) 4월

4월이 되어 새로운 학기가 시작하면 기업은 일제히 서류 접수를 받기 시작한다. 최근에는 이러한 경향이 많이 줄어들고, 기업에 따라 심사 시작 기간이 제각각이라고는 하지만, 기본적으로는 이렇게 진행된다. 이 시기에는 자신이 추린 후보군을 대상으로 준비한 엔트리 시트를 접수하면 된다. 또한 학부 마지막 학년이 되기 때문에 졸업요건을 확인하여 필요한 학점을 마저 취득하거나, 졸업논문을 준비하는 등 졸업을 준비할 필요가 있다. 아무리 취업활동을 열심히 해도 졸업하지 못하면 일을 시작할 수 없기 때문에 졸업은 무척 중요하다.

서류 전형에 통과하면 필요에 따라서 적성검사를 실시하는 경우가 있다. 적성검사는 회사마다 실시하는 유형이 조금씩 다른데, 회사의 자체적인 검사를 실시하는 곳도 있는가 하면 WEB테스트를 실시하는 곳도 있다. WEB테스트로 유명한 건 '타마테바코'나 'SPI' 등이 있는데, 자신이 지원하는 회사가 어떤 시험을 채용하는지 알아보고 이에 맞춰 준비하면 된다.

면접에 관해서는 대학교 면접과 마찬가지로, 예상질문을 바탕으로 답변을 작성하고 이를 숙지하면 된다. 다만 중요한 것은, 4학년에 취득해야 하는 학점이 많을수록 면접 때문에 수업을 빠져야 하는 일이 많아진다. 수업 출석 횟수가 부족하면 해당 과목은 자동으로 F처리 되기 때문에 주의해야 한다.

Part 5. 4학년(대학원 2학년) 5월 이후

채용내정이 아무리 빨리 진행되어도 한 달은 걸리기 때문에, 취업 활동이 일찍 끝난 사람은 이 시기에 이미 내정을 확보하는 경우도 있다.

다만 자신의 희망사항에 더욱 일치하는 기업을 찾기 위해 추가로 취업활동을 하는 경우도 있으며, 내정을 받은 회사에 만족하는 경우에는 졸업을 위해 졸업논문이나 학점 취득에 매진하기도 한다.

그 외에는 친구들과 여행을 가거나 좋아하는 취미를 실컷 즐길 수도 있다. 아르바이트를 열심히 해서 미리 이사자금을 확보하는 것도 가능하다. 내정을 받는다면 이 시기를 어떻게 지낼지는 자유롭게 선택할 수 있다. 가능하다면 이 시기에 그동안 못해본 일이나 다양한 활동을 체험하길 바란다.

Part 6. 4학년(대학원 2학년) 3월

일본은 매년 4월이 입학, 3월이 졸업이기 때문에 졸업요건을 충족하였다면 이 시기에 졸업식에 참석하여 졸업장(일본에서는 학위기라고 한다)을 받을 수 있다. 다음 달부터 회사에서 근무가 시작되므로, 평일에 해야 하는 일들, 예를 들어 이사를 간 후의 전입신고나 전출신고 등 관공서나 은행관련 업무는 이 때 해두는 것이 좋다. 나중에 하려면 유급휴가를 취득하고 진행해야 하는데, 모처럼 쉬는 날을 이런 일로 보내면 좀 아깝지 않는가.

Part 7. 신입사원 4월

축하한다. 이제 당신은 사회인이 되었다. 이제는 당신이 자기분석을 진행하며 머리 속에 그리던 로드맵을 하나씩 실천하는 일만 남았다.

다만 기업에 따라서는 입사하자마자 실전에 투입하지 않고 연수를 시키는 경우가 있기 때문에 너무 긴장할 필요는 없다. 일본기업은 먼저 가르치고 일 시키는 곳이 많기 때문에 연수를 진행하는 곳이 많다.
연수를 받는 동안 동기들과 친하게 지내면, 나중에 부서에 배치된 후 다른 부서에 물어볼 일이 생겼을 때 정보를 얻기 편해진다. 물론 그것 말고도 친구를 만든다는 생각으로 동기와 친해지면 즐거운 회사생활을 보낼 수 있다.

맺으며

대학원을 졸업한 지금 내 앞에는 몇 가지 선택지가 놓여있다. 첫 번째는 영어를 익혀서 미국회계사가 되어 해외 투자자를 상대할 수 있는 인재가 되는 것이고, 두 번째는 예전에 목표로 했던 일본의 공인회계사 자격증을 취득하는 것이다. 세 번째는 IT업계의 기술적 이해를 높여 프로젝트 매니저나 신규 사업을 개발한다는 선택도 가능하다.

아직 어느 길로 나아갈지 탐색하고 있는 단계이지만, 예전 직장에서 매일 적성에 맞지 않는 일로 고통받다가, 가끔씩 회식 후에 상사가 건네주는 택시비가 기쁨의 전부였던 날들을 돌이켜보면, 지금은 완전히 달라졌다는 것을 새삼 실감한다.

일본의 아소 타로 전 총리는 '(사람이 살아가는 데 두 번째로 중요한 것은) 아침에 희망을 가지고 깨어나, 낮에는 열심히 일하고, 밤에는 감사하며 잠드는 것이다'라는 명언을 남겼다.

이 말이 지금의 나의 심경을 대변한다고 생각한다. 지금 내 마음 속에는 희망이 가득하고, 유학하는 동안 여러 어려움을 견뎌냈으니 앞으로 무엇이든 할 수 있을 것이라는 자신감이 넘친다. 무엇보다 내가 겪었던 아픔을 통해 다른 사람의 고민을 더욱 깊게 이해할 수 있게 되었다는 사실에 감사하게 되었다.

나는 만약 주변 친구들이나 이 책의 독자들이 일본유학을 고민한다면 꼭 도전해보라고 말하고 싶다. 비록 유학기간

동안 힘든 일을 겪었지만, 그걸 이겨내고 더욱 내면의 자아가 성장하는 것을 체감했다.

유학을 오기 전의 나는 무척 오만해서, 무슨 일이든 나 혼자서 다 해결할 수 있다고 생각했다. 주변 사람들은 내가 도움을 베풀어야 하는 대상이었지, 나와 동등한 관계가 아니었다. 그러나 유학에서 좌절을 겪으면서, 역경을 혼자서 견딜 때와 믿고 의지할 수 있는 사람과 함께 견딜 때는 전혀 다르다는 것을 실감했다. 이렇게 고난을 통해 나의 오만한 생각은 사라지고, 주변에 감사하는 마음을 배운 것이 유학생활의 가장 큰 소득이라고 생각한다.

그리고 일본 유학을 통해, 나는 꿈을 갖게 되었다. 하나는 전문가가 되어서 사람들의 문제를 해결할 수 있는 능력을 갖추는 것이고, 또 하나는 돈을 많이 벌어서 지난 날의 나처럼 공부를 하고 싶지만 경제적 상황이나 건강 때문에 어려움을 겪는 사람들을 돕는 것이다. 지금까지 주변 사람들이 나에게 도움의 손길을 내밀어준 것처럼, 나 또한 다른 사람들에게 도움을 줄 수 있는 사람이 되는 것이 지금의 나의 삶의 목표이다.

만약 내가 7년전 직장을 그만둔다는 도전을 하지 않았다면 지금의 행복은 없었을 것이다. 여러분도 기회가 가까이 왔다면 꼭 잡았으면 한다. 그리고 여러분도 밤하늘의 별에 손을 뻗으면 잡을 수 있다는 사실을 깨닫고 새로운 세계로 나아가길 바란다.

마지막으로 유명한 C.S.루이스의 판타지 소설 "나니아 연대기"의 마지막 말을 빌려 나의 앞날을 나타내고 싶다.

대학원 수료 후에 일어난 일들은 너무나도 훌륭하고 아름다워서 나로서는 글로 표현할 수 없다. 여러분에게는 이것이 모든 이야기의 끝이지만, 나에게는 이것이 진짜 이야기의 시작일 뿐이었다. 과거의 나날들과 유학하는 동안 겪은 일들은 책 겉장에 적혀 있는 제목에 지나지 않는다. 이제 드디어 나는 지구 상의 어느 누구도 읽지 못한 위대한 이야기의 첫 장을 시작하고 있는 중이다. 이 이야기는 영원히 계속될 것이며, 항상 새로운 장이 그 이전 장보다 훨씬 더 위대한 이야기가 될 것이다. 내가 여러분에게 진심으로 할 수 있는 말이라고는 내가 영원히 행복하게 살았다는 것뿐이다.

이 책을 읽는 당신의 삶 또한 위대한 이야기가 되기를 바라며, 나의 이야기를 마친다.

초판 1쇄 발행 : 2024년 6월 26일

지은이　나나코
펴낸이　조성은

펴낸곳　시시담시시청
출판등록 제2023-000080호
전자메일 sisidamsisichung@gmail.com
ISBN 979-11-985113-2-4
이 책의 판권은 지은이와의 계약으로 시시담시시청에 있습니다.
저작권법에 의해 보호를 받는 저작물이므로 무단 복제와 전제를 금합니다.
잘못 인쇄된 책은 구입처에서 바꾸어 드립니다.